古代神聖文字の
起源を探る

神代の文字

宮崎小八郎 著
解説＝武田崇元

JN226111

宮崎小八郎著

神代の文字

霞ケ關書房版

八紘一宇

皇紀二千六百年
神武天皇祭

荒木貞夫

東西文化研究
之基礎在茲

七十九叟 漢球

序

我が神代に文字があつたか無かつたかは從來篤學者の間に論爭せられた問題である。而して是は今も尙ほ未解決の儘經過してゐる。國學の大家平田篤胤は初め無文字論を唱へ後愼重なる調査を遂げて有文字論に轉向した。同人著神字《かな》日文《ひふみ》傳を繙けばその經緯を知ることが出來る。明治に至り、洋學心醉者輩出して吾自らを卑下し、滔々風を爲して國粹的存在を否定又は嫌惡する惡風を馴致した。この時に當り神代文字の如きは更に一顧の價値をも認められなかつた。併し是は果して其の當を得たものであらうか。我が文化史上本然の姿であらうか。惟ふに應神天皇の御代漢學渡來して初めて我國に文字ありとするは時代の通說であるが、是は果して事實の全部であらうか。公式にはかくあるも、巨細の事實に渡れば然らざることが諸種の資料によつて證明せらるゝことを見出し得る。

著者宮崎君は牧師の出で女子敎育家である。偶然の機會よりして我國に神代文字のあることを神社の御神符中より發見し、爾來多年に亘り種々なる資料を搜索してその研究に沒頭せらるゝ當代の篤學者である。卽ち同君の神代文字存在論は眞摯なる探究の成果にして、事實に立脚したる歸納論である。固より一篇の机上論又は理想論でなく、貴い經驗の信念的論證である。

氏の紹介する所に依れば神代文字は八意思兼命と五十猛命の創作であるといふ。又他の說に依れば言代主命は言知主命で、この命の創意により五十音配列が出來たといふ。併し其等の說は神名の語義解釋に出發したものらしく、神代文字の起元は的確で無いといふが當れりと思ふ。即ち唯我が民族の文化的創意に成るものと解すべきであらう。

次にその起原が一元であるか多元であるかといふ事に付き、著者は二つ以上幾つもあるのでは無いかと言うて居る。偖て又この文字の形式は形象音符、即ち形は形象に發足するけれども使ひ方は音標で、同音には常に同一字が用ゐられてゐる。而してその發達するに連れ漸次その字劃が減じて後には今日の片假名に近いものとなつてゐる。且つ又全國を通じてその形式が統一さるゝ迄には至らなかつた。かの朝鮮諺文は後世のもので元來我が神代文字には屬せないのであるが、神代文字中諺文にまぎらはしきものある爲め、彼是混同して兎や角の議論を爲すが、是は更に能く見分くべきものであらう。

神代文字の發達未だ十分ならざるに應神天皇の御代、諸種の文物と共に漢字の渡來があつた爲めに時の指導者等先づ是に眼を奪はれ、使用文字を是に乘り換ふるに及んで、我が神代文字は漸く衰運に傾くに至つた。この事は神代文字の研究が大成した曉に確言出來る事であるが、研究目標として凡そ右の豫想を掲ぐる事が出來る。

斯かる大勢の中に在つても尙ほ毅然たるは我が貴き神社の慣習である。多數の神社はその舊習慣を改めずに、その御神符には神代文字を封入使用して來た。（其の使用が舊慣であることも證明を經なければ確信出來ぬかも知れぬが、同時に之を後世或時代の流行によつて各神社に採用された流行的存在であるとするが如きは、是亦許すべからざる獨斷である）この神代文字を以て記された神璽を發行して一般に授與して居る神社は、著者の調べた範圍に於て官國幣社のみでも尙ほ五十社の多きに及んで居る。その他一般神社を數へれば頗る多數に上らうといふ事である。この神社の慣習こそ有り難き國粹保存の一端であつて、國民はこの神聖なる事實に對し開眼一番大なる敬意を拂はねばならぬ。口に肇國精神を唱へ乍ら、是等の事實を無視せんとする世の所謂智識階級は玆にその蒙を啓くべきである。

世の學者達が神代文字を否定する理由の一を著者は指摘して次の如く言明してゐる。卽ち

その理由の重なるものは古語拾遺の序文に齋部廣成が「蓋し聞く上古の世未だ文字有らず」と云つたのを上古一切文字無しと解釋するの誤りである。この書にいふ文字とは漢字の事で上古の

世未だ漢字あらずと云ふ意味なることは、右大將藤原長親も「倭片假名反切義解」に明記して居る。又廣成の後裔たる忌部正通は「神代卷口訣」を著して「神代文字は象形也」と喝破したのは彼が祖先の眞意を補正したものである　云々。

我國には大和文化の前に日向文化があり、その前には高天原文化があつたことを推定し得る理由がある。苟も我が肇國の精神や文化を究めんとならば是等の肇國乃至建國時代を追究するので無ければその完成を期することは得て望む事が出來ない。吾人は大和文化のみを祖述する文化史論に不滿を表明するものであるが、更に尙ほ大和時代に於てすら使用し來つたと思はれる神代文字をも一概に否定し去らんとする消極論が何の日本文化批判ぞと言ひ度くなる。我が國人の文化事業に拙劣なるは正にこの日向文化と高天原文化抹殺の餘殃なるべしと推測する。余の調べた一書其は高天原文化系統に屬するやに思はるゝものには神代文字に關し次の如く記されてある。

　神代の文字は諸々の物の形を書き記したもので、薪（柳の類か）を焼いたる墨を魚の油にてうめし、くぼみたる石に水を入れ磨りこなし、小竹の先を口にて嚙み、木の葉又は大竹を割りて中の白身に書記すなり。

余は新體制を振り翳して神代文字否定論者を舊體制呼はりする者ではないが、先入主に捉はれた喰はず嫌は學問の敵であるから、新時代開拓、東亞共榮圈建設の先驅者は、須らく進んで我が固有文化の眞面目發揮に邁進すべきであらうと思ふ。少くも宮崎君の本著の如きはその急先鋒の武器であるから、世の木鐸たらんとする者は、是に依つてその指針の方向を定め、文化の大方策に遺算なからしむべきであらう。

最後に一言附加したい事は、近來或一部の人士間に神代文字石と稱するものを珍重する流行のあることである。余の知れる範圍に於ては是は石のひゞ割れに石英石膏等の嵌入したもので、もともと天然石で人工物では無い。偶ゝ人工を加へたものでも如何はしき物が多く、神社に傳はれる寶物等とは格段の相違である。此の如き怪物が何故流行するかを疑ふものであるが、余は世の識者が之等を唾棄するの餘り、玉石混淆して我が最も貴重なる神代文字關係の神社寶物を之と心中破滅せしむるが如き事無き樣切に祈るものである。

右著者の依頼により淺學をも顧みず蕪辭を列ねて序文に代ふると云爾。

昭和十六年師走

工學博士　神原信一郎

自序

日本人にして日本を知らない位恥つべきことはない。然るに日本人にして祖國日本を知らうとしない者が尠くない。歐米の歴史を研究したり。言語、風俗を學んだりする者の多い割合に我が國の歴史を學び國體を明かにすることを志す者は少い。殊に一部識者中には猶太の古い歴史に通じ、歐米諸國の文化に關する知識に富むにも拘はらず、我が國の歴史、文化に就ては知る所がない。これ或は歐米の文化を取入るゝに急なるのあまり、他を學ぶ餘力ない結果であるかも知れない。

然し如何に他の文化を取入れても之を消化する自國を知らないでは害こそあれ何等の益を得ないであらう。如何に醫學の知識があつても病人の容態を知らないでは到底之を癒やすことは出來ない。國體を知らず、歴史、風俗、習慣を知らないで無闇に外國文化を取入れても、その國の文化を高め國體を明徴せんこと思ひもよらない。斯くの如きは實に無謀の企てゞ危險此上もない。多年歐米の自由主義、個人主義を謳歌したる者、その主義思想の上に築かれたる學問體系をもつて絶對眞理と盲信したる舊體制下の學界は今や大に覺醒して新時代の趨勢に順應すべきである。

支那に學んだ者は支那に心醉して了つた怨がある。成る程易姓革命とか禪讓放伐の如き思想は之を排斥して取らなかつた。全然我が國體に適はないものであるから之を取らないのは當然である。けれども、それは單に消極的の事である。更に積極的に我が國體を明徵しもつて我が國に特有の文化あることを高調力說すべきであつた。決して事大思想に捕はれ支那に依存するが如き態度に安んずべきではなかつたのである。

蒙古襲來の時より二十六年、元から一寧一山と云ふ禪僧が來朝した。一山の學德高く爲に歸依參禪する者が多かつた。時に虎關とて對外的優越感に燃えて居た學僧、日本に我あることを知らしめんと、負けし魂を發揮して一山に參した。一山の虎關に對する法問が我が國の高僧の遺事に及ぶや虎關の應答頗る貧弱であつた。そこで一山は問ふた。公の辯は博く外方（支那、印度のこと）の事に涉るや皆章々として悅ぶべきも、日本のことに至るや頗る應對に澁るものは何ぞやと。虎關大に耻づる所あり後發憤して元亨釋書三十卷を大成した。

歐米の文物を學ぶ者は一も二もなく、之を崇拜し、彼は文明と稱して尊敬し、我は未開野蠻として卑下するの情態であつた。彼の民權自由、個人主義思想は慕ふべきであるが、我の家族主義、皇室中心思想は國內に限つて通用するものと考へた。要するに彼等は外國の事は知ること多くとも自國の事に至つては甚だ貧弱であつた。墺國の碩學スタインは日本の留學生に接して日本の事を學ばんと欲し六年間も同じことを繰返し尋問した。日本は古い國であるから何か世界に向つて誇るに足るものがあるだらう。それを知らせよと。然るに我が留學生は揃ひも揃つて、我が國は未開の國で何も世界に誇るべきものがないと。彼等も亦西洋に心醉して自國の國體も、歷史も、文化も全く知らなかつたものである。彼等は恬として自己の無智を耻ぢざるのみならず大いにスタインを失望せしめた。幸ひに丸山作樂あつて我が國體を說き、三種の神器、日本獨特の文化神代文字の存在することを明かにした。此所に於てスタイン我が意を得たりとなし大に喜び、日本の國體とその文化が歐米人に明らかとなれば我等歐米人は悉く日本の天皇を仰ぎ奉つて世界の統一を願ひ、もつて世界人類の平和を待望する者であると。之は明治十九年のことで五十五年前に於ける豫言であつた。

予や元來淺學菲才、而も海外に在ること長きに失したので、我が國上古の歷史を研究して國體の淵源する所を窮めんとの念に燃えて居た。神明我が志を嘉みし賜ふて、先づ示したまふたのは神代の文字で記された神璽であつた。國史の研究を願ふ者に神代文字を與へらるゝ事は意義深長なるものありと言はざるを得ない。之を天佑と言つても過言ではあるまい。

從來、神代文字の存在を主張し、漢字の渡來以前、立派な、我が國獨創の文字があつた事を喝破し、之が研究を提唱した先覺者がない事はなかつた。然し何時も外國の文化に心醉した多數者に壓倒されて地下に葬り去られて了つた。彼等は思へらく、今更ら神代文字でもあるまい。之を取上げてその存在を公認すると、國史、その他に影響する所多く、學者の任務甚だ重大を加ふるに至る。我等の力をもつて之を處理すること容易でない。寧ろ之を葬り去つて事勿れかしと願ふの勝れるに如くはなしと。彼等は毫も研究する所なく、而も極めて大膽に神代文字存在せずと斷定するのである。其の無責任なること驚くの外はない。

明治廿七年前の世界は支那を眠れる獅子として威服した。獅子一たび吼ゆれば百獸悉く慴伏する如く彼等も慴伏した。然るに我が國は一たび起つて之を膺懲し、その眞相を曝露した。明治三十七年前に於ける世界は露西亞を世界最大最强の陸軍國として大に恐れ、何れの國と雖もその敵をもつて任じ得るものはなかつた。然るに我が國は遂に起つて彼を一擊の下に破つて了つた。巨人ゴリアテを倒したダビデに比して世界は驚異の目をもつて我が國を凝視した。昭和十六年十二月八日まで世界は米、英二國の勢力を世界無比となし、敢て一國をもつて之に當らんとする者はなかつた。然るに一たび米英二國に對し宣戰の詔勅下るや直ちに彼等が金城鐵壁と誇る、西太平洋の護りたる布哇の根據地も、擊破されて了つた。上海方面に於て、グアム島に於て、フイリッピンに於て、マニラ灣に於て、マレー半島に於て米英二國の海陸防備を再起不能に至るまで擊破した。我が國の超人的大威力に對し世界は茫然自失その爲す所を知らない有樣である。誰が何と云つても今や我が國は世界の最大强國である。最早自ら卑下して未開の國と云ふ者もなければ、第二流以下の文化國とお世辭を遣ふ必要もない。寧ろ我が國の實力が軍事に於て斯くも痛快に發揮されたる機會に於て文化に於ても亦大に誇るべきものあるを示すべきではないか。世界は今や日本の有てる諸ゆる文化の淵源を學ばんことを願つて居る。豈獨りスタイン博士のみならんやである。斯る時代に遭遇して一人の虎闘なく、丸山作樂なき筈はない。必ずや大なる人物が續出することを疑はない。予は敢て自らその人をもつて任ずる者ではないが、我が國上古に於て既に大に見るべき文化ありし事、その粹とも稱すべき神代の文字が創造されし事を主張する點に於ては決して人後に落ちざる者である。加之世界に冠絶する我が國體を明徴する爲には神代史の正しき研究の極めて重要なる事を痛感するのである。

本書に收錄する所は僅か研究の一端に過ぎない。之をもつて神代史と稱するに足らざるは勿論であるが、そのうちの一要素たる神代の文字に就ては廣く江湖諸賢の一瞥を請ふべきものがあると信じて公にするに至つた。研究未熟にして至らざる所多かるべく、亦誤謬なきを保し難い。願くは之が斧正を惜み給ふ事なからんことを。

宣戰の詔勅を拜したる十二月八日記す

著　者

目次

題字……………………男爵 荒木貞夫
同……………………安達謙藏
序文……………………工學博士 神原信一郎
自序
第一章　總論……………………一
漢字の渡來以前に文字があつた理由……………………一
第二章　我が國上古の文化……………………一九
(1) 太占と神代文字……………………一九
(2) 工藝文化と神代文字……………………三三
(イ) 鏡の製作　(ロ) 玉の製作

(3)　上古我が國運の發展……………………………………三〇
第三章　我が古典と神代文字……………………………………三九
(1)　古事記の序文……………………………………三九
(2)　一大金字塔……………………………………四一
(3)　稗田阿禮と太安萬侶……………………………………四五
(4)　稗田阿禮が誦んだ文字……………………………………五三
(5)　假名日本紀……………………………………五八
(6)　提　要……………………………………六〇
第四章　古體假名と神代文字……………………………………六三
(1)　古體假名……………………………………六三
(2)　釋紀秘訓の假名（象形文字、麻邇字）……………………………………六七
(3)　古體文字の起原……………………………………七三
第五章　日文字とその字源……………………………………八〇

(1) 文字は作り易し……八〇
(2) 日文字の起原……八一
(3) 肥人書は日文字の眞書で所謂る古字……八九
(4) 神代文字の種類……九五
(5) 煙滅する神代文字……一〇五

第六章 神代文字論爭……一〇八
(1) 神代文字否定の論據に就て……一〇八
(2) 否定論とその駁論……一〇九
(3) 須多因博士と丸山作樂との問答……一二三
(4) 神代文字と悉曇章……一二五

第七章 神代の文字と假字の字源……一三一
(1) 片假字といろはの起原……一三一
(2) 片假字といろはの起原は神代の文字……一四〇

第八章　神社と神代文字……一五一
(1) 官幣大社の神代文字……一五三
(2) 國幣大社の神代文字……一六五
(3) 官幣中社の神代文字……一六六
(4) 國幣中社の神代文字……一六八
(5) 官幣小社、國幣小社の神代文字……一七五
(6) 別格官幣社の神代文字……一八〇
(7) 其の他の神社……一八一
第九章　神代文字と宗教……一八七
一、ヒフミは神歌……一八七
二、天照大神の天石窟籠り……一八九
三、天石窟開き……一九一
四、「ひふみ」の歌……一九五

五、「ひふみ」の唱へ方……一九八
六、言　靈……二〇〇
七、宗　教……二〇八
第十章　「カミ」と訓む神代文字……二一三
一、「カミ」の種類……二一三
二、神代文字の「カミ」……二一九
三、神は一にして萬、アルパにしてオメガ……二二〇
四、唯一の神……二二三
第十一章　文化の淵源と國體……二二七
我が國體にして神代文字あり
一、世界無比の我が國體……二二七
二、國運の隆盛と神代文字……二三三
三、皇國日本の一大使命……二三四

附　神代文字及び神代文字に關する文獻……二四三
(1)　神代文字の文獻……二四三
(2)　神代文字に關する文獻……二五三

神代の文字

第一章　緒　論

昭和七年の秋一日相模の大山に登つた。その時阿夫利神社の社務所で一體の神璽を授與された。一應は之を辭退したが、社務所の説明によれば信仰の有無に拘はらず、何誰にでも登山した人には紅葉祭の印に之を授與するのであるからお受けになつて宜しいとの事であつた。成程、見れば

阿夫利神社紅葉祭神璽

と表記してある。それではと言つて一體の御神璽を頂戴した。御神璽はお守りとして之を大切にすべきものであるとは、かねぐ承知して居たが、何となくこの御神璽を披見したくなつたので、心中に神の御許しを祈願して謹んで之を開いて見た所、實に意外、未だ嘗つて見た事も聞いた事もなかつた左記のやうな文字が現はれた。

最初は之が文字であるかどうかと云ふ事も確かとした事はわからなかつた。之を二三の人に見せても誰一人知つてる者がなかつた。斯うなると何とかして知りたいとの好奇心も手傳つて之が研究を思立つに至つた。暫くするうち不圖した事から之は神代文字であると云ふ事がわかつたので直ちに手近にあつた國史大辭典を引照した所、大要左の如き解説を下してあるのを見た。

「神代文字(ジンダイモジ)漢字傳來以前我國に行はれたりと稱する文字、卽ち日文を云ふ。神代文字なかりし事は古語拾遺に見えたるを始とし、伴信友の「假字本末考」又神代文字なき事を主張し、後世の學者多く之に從ひ、今日にては殆ど定説となれり。今は只だ此等の説及び文字を示して參考に資するのみ。」とあるが古語拾遺に神代文字がなかつたと書ひてあると云ふのは大辭典の獨斷で、古語拾遺には單に「上古の世未だ文字有らず」とあるのみでその文字がどんな文字であるかと云ふ事は言つてない。之を神代文字を意味すると解するは一説に過ぎないので實は此所に言ふ文字は「漢字」を意味するものであることは幾多の資料によつて之を證明することが出來るのである。

その後神代文字に關するものを彼れや是れやと漁つて見た。元來神代文字と稱せらるる文字が漢字の渡來以前我が國に於て創造されたものか、それとも既に我が國に於て定説となつて居ると云はれるやうに。そんな文字は全然無かつたものであるか、此の點を明かにする必要を痛感するに至つた。

漢字の渡來以前に文字が有つたらうと思ふ理由は一二に止まらない。

一、我が國文化の淵源は肇國と共に宏遠にして伊邪那岐、伊邪那美二柱の神が、天神の命を以て是のただよへる國を修理固成し賜ふた時に其の端緒を發し、二神水蛭子を生みたまふた時、共に天神の御所に參上りて天神の命を請ひたまふた。そこで天神の命以て布斗麻邇《フトマニ》に卜相《うらへ》て詔りたまうた。

布斗麻邇《フトマニ》に卜相《うらへ》てと云ふのは太古の卜事を意味するもので神事の宗源を主どる者と定められた天兒屋命の奉せられた所で、天孫御降臨に際して天津神籬《ひもろぎ》を持つて葦原中國に降り太占《ふとまに》の卜事を以て仕へ奉られた事は古事記や日本書紀に明記してある。太占《ふとまに》はもと鹿の肩骨を燒いて卜へたのである、卽ち鹿卜《ろくはく》であるが後に至つて鹿の骨に代へて龜の甲を用ふるやうになつたので之を龜卜の術と云ふやうになつた。龜卜の術に最も大切な事は文字若くは文字に類する符牒である。此等文字か又は符牒が無いなら如何で卜をなす事が出來やうそとは釋日本紀の喝破する所である。伊邪那岐、伊邪那美二柱の神が是の國を修理固成して天業を遂行し給ふ以上一種の文化がなくしてはならないの

である。玆に於て、

太占の事が行はれたのをもつて一種の文字又は文字の素材たる符牒が存在したと推定する事は必ずしも不當とは思はれない。太占の事は天石屋開きの場合にも行はれた。卽ち　天照大御神天石屋戸を閉てて、さしこもり給ふた時、思兼命は天兒屋命と布刀玉命を召ひ天香山の眞男鹿の肩を內拔きに拔きて、天香山の天波波迦を取つて、占合《うらへ》まかなはしめたと古事記に記してある。之より以後歷朝、重大なる事ある毎に占問《うらさ》はせ給ふた。崇神天皇七年には天皇乃ち神淺茅原に幸して八十萬神たちを會へて卜問ひたまふた事などその例である。之を要するに國字の起原は遠く神代にあつたと思ふ理由の一つである。

二、古語拾遺の記す所によれば天照大神が天石屋戸を出てましたまへる時衆倶に相見て歌ひ舞へり。その歌に曰く、「あはれ（言ふこゝろは天晴なり。）あなおもしろ、（古語に、事の甚切なるを皆阿那と稱ふなり。言ふこころは衆の面明白きなり。）あなたのし、（言ふこゝろは手を伸して舞ふなり。今樂しき事を指して多能志と謂ふは此の意なり。）あなさやけ、（竹葉の聲なり。）おけ。（木の名なり。其の葉を振ふの調なり。）」と。

又千座置戸を科せられて出雲國に降されたる速須佐之男命は須賀の地に到り坐して御歌作したま

ふ。其歌は「やくもたつ、いづもやへがき、つまごみに、やへがきつくる、そのやへがきを。」とある。これが和歌の嚆矢である。以來神武天皇の御製まで古事記に記された御製、御歌、歌謠合せて廿二首、そのうちには八千矛の神と沼河日賣と歌ひ交はされた歌、八千矛の神と須勢理毘賣との間に歌はれた歌など可なり長いものもある。文字がないなら斯の如き高尚な情緒の表現を後の世まで歪めずに語り傳へる事がどうして出來ようか。是れ國字の起原は遠く神代にあつたと思ふ理由の二つである。

三、天石屋戸に入り給ふた天照大御神を迎え奉らんが爲に伊斯許理度賣命は鏡を作り、玉祖命は八尺勾璁之五百津之御須麻流之珠を作り、之を眞賢木に取り著けたと云ふ事は古事記に記してある。既に工藝文化發達して、堅石、鐵を用ひて鏡を製作したり、又勾璁を作る技術を習得した者がどうして之に伴ふ精神文化を有たなかつたと云ふ事が出來よう。確かに精神文化の發達甚だ著るしきものがあつた事を證するものがある。それは外でもない皇孫天津彥彥火瓊瓊杵尊に下し賜はつた天照大御神の御神勅である。

豐葦原千五百《ちいほ》秋《あき》之瑞穗國《みつほのくに》は、是れ吾《あ》が子孫《うみのこ》の王《きみ》たる可き地《くに》なり。宜しく爾皇孫就《いましすめみまゆ》きて治《しら》せ。行矣《さきくませ》。寶祚《あまつひつぎ》の隆《さか》えまさむこと、當に天壤《あめつち》と窮無《きはまりな》かるべし。

と、之は實に萬古不磨の大神勅で我が皇國の國體を簡明直裁に紹述し給ふた最も畏しき、寶祚天壤無窮の御神勅と拜するのである。斯る御神勅を拜することが出來るのに拘はらず當時は未だ此の御神勅を表現するに足る文字が存在しなかつたと云ふのは到底我等を納得せしめることは出來ない。斯かる事が理解されるならば、當時文字があつたと云ふ事は更に容易く理解され而もそれが甚だ合理的だと云はるべきである。これ當時既に國字の存在した事を承認せざるを得ない理由の三つである。

四、我が國と朝鮮との關係は遠く神代から始まつて居た。古事記によれば建速須佐之男命は伊邪那岐の命より「海原を知《しら》せ」との詔を受け給ふたのにも拘はらず、命《よ》さしたまへる國を知《しら》さずして哭きいさち給ひ、僕《あ》は妣《はゝ》の國、根之堅洲國に罷《まか》らむと欲ふ。と。そこで大御神は須佐之男命を神やらひ給ふたのである。根之堅洲國と云ふのは卽ち朝鮮のことである。それ以後、崇神天皇六十五年（皇紀六二八年）任那《みまな》國始めて入貢した。任那は今の朝鮮慶尙道西南部に當る所である。垂仁天皇三年（皇紀六三四年）新羅《しらぎ》王子天日槍《あまのひほこ》、己が國を弟知古《おさちこ》に授けて諸種の献物を持ち、大部族を率ゐて來朝し但馬の出石《いづし》に安住の地を得て歸化した。これより後約三百年、卽ち應神天皇十六年（皇紀九四五年）百濟の王仁が論語、千字文を献じた時をもつて始めて我が國に文字があるやうになつたと云ふ者がある。彼等は思へらく百濟は夙に文化が進んで居たので文字を有つてゐたけれども我が國は未だ文化進まず文字が無かつたのであると。斯る考へ方は史實を無視するの甚だしきものである。崇神天皇の朝加羅國王の子我が國に來朝し、「日本國に聖皇《ひじりのみかど》有《ま》すと聞《つけたまは》りて歸化《まゐおもむ》く」と言つたとは日本書紀に記してある。又垂仁天皇の朝新羅王子自ら皇位を棄てゝ大部族を率ゐて我が國に歸化したと云ふ事は前述の通りである。若し任那や新羅には文字があつて、日本には文字がなかつたと云ふやうな國情であつたとしたら、文字ある國の王子が文字なき國に歸化するやうな事があらうとは考へられないし、まして況んや文字なき國の君主を聖皇《ひしりのみかど》と尊崇するが如き事がどうして考へられよう。然るに歷史は彼等外國の王子たちが我が國に歸化した事を明記して居る。これ論語、千字文が輸入された以前に於て我が國で創作された國字の存在した事を認むべき理由の四つである。

五、欽明天皇第二年（皇紀千二百一年）の條に「帝王本紀に、多《さは》に古き字《みな》あり。撰集之人屢《しばしば》遷《うつし》易《かへること》を經《へ》たり。後の人習ひ讀みて、意《こころ》を以て刊《けづ》り改《あらた》め、傳寫《つたへうつ》すこと既に多《さは》なり。遂に舛雜《たがひまよふこと》を致《いた》し、前後次《ついで》を失ひ、兄弟參差《あにおとかたたがひ》なり。今則ち古今を考覈《かんがへあなぐ》りて、其の眞正《まこと》に歸す。一往《ひとたび》に識り難きは且《また》一《ひとつ》に依りて撰ひて其の異れるを注《しる》し詳にす。」と。帝王本紀とは日本書紀撰錄に際して採用された資料の一つであつたと思はれる。その書中に「多有二古字一」とあるのは澤山の古字があつたと云ふのであるが、この古字は神代の字と解せられて居る、その外に和漢の字相ひ雜つて讀み難い點があつた。平田篤胤は之に對して「予が心には神代の字と漢字と雜へ用ひたりしを悉く漢字に改めむとて、事實の前後を失ひ、混ふまじき兄弟の間をさへに、參差《たかへ》りと云へるごと通《きこ》ゆ」と云つて神代文字の存在を說いて居る。また御本に、聖德太子始以ニ漢字一附ニ神代之文字傍一と有るなどを考へ合はせると漢字の渡來以前に文字があつた事が明かである。之が國字の存在した事を認むべき理由の五である。

六、日本紀弘仁初度私記云。飛鳥岡本宮朝《アスカノヲカモトノミヤノミカト》(皇極帝)皇太子好ニ漢風一而訖。難波長柄宮朝《ナニハノナガラノミヤノミカト》(孝德帝)後ノ岡本宮朝(齊明帝)近江大津宮朝(天智帝)四代之間、文人學士各競而帝紀、國記。及諸家記、氏々系譜等以ニ漢字一漫飜ニ譯之一。加ニ私意一誣レ人。殆欲レ絕ニ先代舊辭本意一。於レ是淨見原《キヨミハラノ》天皇(天武帝)愁レ滅ニ其正實一更勅ニ語舊辭一而欲レ傳ニ于後葉一矣。雖レ然譯文橫流史面全不レ能レ谿レ之。

とあり。文中漢字をもつて漫りに之を譯すとあるのは、國字即ち神代文字を譯するに漢字をもつて記した事を云ふのである。現今英文を譯するにその英文の側に日本文をもつて記すとか、漢文を譯するに當つて其の側に和文をもつて記すやうに、日本文即ち國字をもつて記された文章の側に漢字をもつて記した事である。之をもつて見ても解るやうに古事記、日本書紀の撰錄された時よりも前に存在して居た帝紀とか、國記、及び諸家記、氏々系譜等が國字をもつて記されたと云ふ事は明かである。之が神代文字の存在を認むべき理由の六である。

七、日本書紀の撰錄された時より前に假名日本紀があつた事が扶桑略記に和銅七年上奏の日本紀云々とあるによつて明かである。この日本紀が假名であつたので天武天皇の思召し給ふ所に違へるため更に撰び改めしめ給ふて養老四年に至つて舍人親王が日本紀を上らるゝ事になつた。之が現に行はるゝ日本書紀である。其は釋日本紀に假名日本紀と日本書紀との前後を問答した所に「此の書を考へ讀むため何の書を以て其の調度に備ふべきであるか」との問に答へて曰く、(此の書とは日本書紀の事である)。

「師說、先代舊事本紀、上宮記、古事記、大倭本紀、假名日本紀等是也」と

又問假名日本紀は何人の作る所で、又此の書の先後如何んと。

答、師說、元慶の說に云ふ此の書を讀んが爲に私に注出する所なり、作者未だ詳ならず。假名本は元來より在る可し、その假名を嫌ふが爲に、養老年中に更に此の書を撰ぶ。然る時は則ち此の書を讀んが爲に也《また》私に記すと謂ふ可らず」と。

之によつて假名日本紀と日本書紀との前後關係は明かである。漢文で書かれた書紀の出來る前に

假名卽ち我國固有の文字たる神代文字で書き綴られた假名日本紀があつた事が極めて明白である。

又或書に云く養老四年令ニ安麻呂等ニ撰ニ錄日本紀一ヲ之時、古語假名之書、雖レ有ニ數十家一皆以ニ勅語一爲レ先、然則假名本、尤在ニ此前一耳」とあるのによつても假名と稱する我が國固有文字が存在したことを知るのである。之が神代文字の存在を認むべき理由の七である。

八、日本紀承平私記曰。問。假名之起當レ在ニ何世一

答。神功皇后以前文書不レ傳。已無ニ所見一。至ニレ于應神天皇御宇一遣ニ使新羅一招ニ來文人一。僅習ニ文字一然則、自ニ彼御時一可レ有レ之。

又問、假名字誰人所レ作哉。

答。師說、大藏省御書中有ニ肥人之字六七枚計一。先帝於ニ御書所一令レ寫ニ給其字一皆用ニ假名一。或其字未明。或乃ル等字明見レ之。若以レ彼可レ爲レ始歟。

我が國に於ける假名の起原に關する以上の質疑應答によつて知らるゝ所は一種の假名文字が存在したと云ふ事である。更にその假名の起原を追及して左の問答が續けられて居る。然らばその假名は何時頃出來たのであるかと云ふ問に對して

先師說云。漢字傳ニ來我朝一者應神天皇御宇也。於ニ和字一者、其起可レ在ニ神代一歟。龜卜之術者起レ自ニ

神代二云々、無二文字一者豈可レ成レ卜哉。と

之によつて知らるゝ如く和字《クニナ》即ち國字の起原は神代にあつたと推定すべき理由が解るのである。

三代實錄貞觀十一年四月の記に忍見足尼命は始レ自二神代一供二龜卜事一とあるによつて此の事は一層明かである。欽明天皇紀十四年の條に「別に勅《みことのり》すらく、醫博士、易博士《やくのはかせ》、曆博士等宜しく番《つがひ》に依りて上《まみて》、下《さまか》るべし。今、上の件の色の人、正に相代らむ年月に當る、宜しく還る使に付けて相代るべし。又卜書《うらのよみ》、曆本《こよみのためし》、種々の藥物《くすり》を付送れ」とある。易博士と云ひ卜書の事があるので之を龜卜に關する事と思ふ者があるかも知れないが、之は龜卜の事でなく周易に關する事であるから、我が國に於て神代時代から太占の行はれて居た事は疑がない。此の朝に至つて始めて行はれたと云ふ意味ではないのである。これ理由の八である。

九、神代巻口訣に神代文字象形也、應神天皇御宇。異域書始來朝。至二推古天皇朝一聖德太子以二漢字一附二日本字一。後百有余歲而成二此書一焉とある。

神代巻口訣は忌部正通の著はす所である。正通は古語拾遺の著者齊部廣成の後裔である。廣成は古語拾遺の序文に「蓋聞く、上古の世未だ文字有らず」と冒頭して神代文字を否定した者と誤認されたのである。誤認はどこまでも誤認であつて著者廣成の罪でなく、誤認した者の罪である。彼が

說いた所の眞意は我が國に於て創作された神代文字を否定する意味で上古の世未だ文字有らずと言つたのでなく、全然漢字がなかつたと云ふ事を言つたのである。古語拾遺の出來たのは皇紀千四百六十八年で、その時代に文字と云へば當然漢字を意味し、誰一人として神代文字などと考ふる者はなかつた。殊に彼が書き表はした文句は說文から出て居ることは明である。說文に、

「古ハ故也、从二十口一識二前言一也。徐曰古無二文字一口相傳トとある。

又朝鮮の東國通鑑に「百濟自二開闢一未レ有二文字一至レ是始有二書記一と云へるのも勿論漢字がなかつたことを意味して居る。斯る用例の如くに廣成は之を我が國に適用したのであるから「上古の世未だ文字あらず」と言つたのは此の說文や東國通鑑と同樣漢字あらずと言つたものである。それで彼の後裔たる忌部の正通が神代文字は象形也と云ひ又「聖德太子漢字を以て日本字に附す」と述べたとしても毫も異說を立てゝ先祖に反逆を企てたものと云ふが如きものではない。反つて先祖の意思を明白ならしめたものと云ふべきである。これ理由の九である。

十、本朝書籍目錄中最も權威あるものと認めらるゝのは冷泉大納言爲富卿の編纂されたる本朝書籍目錄である。その目錄中に「肥人之書」及び「薩人之書」と云ふのがある。此等の書は如何なるものか內容を詳にする事は出來ないけれども前述した理由の八の所に引照してあるやうに肥人之書

と云ふのは神代文字である事は爭はれない事實である。斯る文字、即ち肥人之書と云はれ、薩人之書と云はれる神代文字で書き記したものに官國幣社を初め、府縣社、鄉社、町村社、無格社等に於て發行授與する神璽、御守等がある。此等の御神璽は御靈代《みたましろ》として拜すべきものとし之を尊崇するのである。殊に國民崇敬の的となつて居る官幣大社とか國幣大社で授與する御神璽の如きは一層大切にされるのである。それらの官國幣社や、府縣社、鄉社、村社、無格社合計十一萬余社もある。此等の神社に於て神代文字を神璽、神符に使用して居る所がどの位多數に上つてゐるか未だ判然しない。けれども神社中に於て特に重きを置かれる官國幣社だけに就て見ても左の如き數に上つてゐる。

官幣大社	十九社	國幣大社	一社
官幣中社	五社	國幣中社	十社
官幣小社	一社	國幣小社	九社
別格官幣社	一社		

この外府縣社、鄉社、村社にして知り得たる一部分に就て見てもその多くは皆神代文字の神璽を發行、授與しつゝあるのをもつて考ふれば、未調査の大多數神社に於ても神代文字を使用するもの

の數決して少からざるを思はざるを得ない。尙神璽とか御札と云ふもの丶外に社寶として神代文字を保管する神社もある。卽ち出雲の國の大社、和州法隆寺の庫中に藏するもの、周防國玖珂郡柱野浦賀茂大明神社、綿向神社、大和國三輪神社、吉田祠官、鶴岡八幡宮、鹿兒島神宮等はそれであると云ひ傳へられて居る。これ理由の十である。

十一、我が國の神典として最も尊重さる丶古事記は太安萬侶が稗田阿禮が誦んだ所によつて撰錄したものである。この事は安萬侶が記した序文によつて明かな所である。人或は思ふ、稗田阿禮は單に諳記力の强い者であつた。それで古來の言ひ傳をその儘諳記して之を必要に應じて諳誦したのであると。斯る見解は全く誤りであつて古事記の序文を無視した獨斷である。古事記によれば、彼が如何なる人物であつたかと云ふことが明白にわかる。

「阿禮、年は是れ廿八、人と爲り聰明にして目に度れば口に誦み、耳に拂るれば心に勒す」と書いてある。廿八歲の靑年阿禮は一見して誦むことの出來る學識を有つて居た。抑も彼が一見して讀んだ所のものは何であつたかを考ふるに、同じく古事記の序文中に之を說明してゐる。天武天皇の御代に於て諸家の賷たる所の帝紀及び本辭は、旣に正實に違ひ、多く虛僞を加ふ有樣であつたから、その儘に打棄置くと後日に災禍を殘すに至るのを御憂慮遊ばされて古事記撰錄の事が行はれたのであると。古事記が撰錄された前に、諸家に帝紀とか、本辭とか稱する文献があつた。それらの文献は如何なる文字を用ひて書き記したものであつたかを察するに、それは神代文字であつたに相違ないのである。之を證するには當時隨一の漢文學者であつた太安萬侶が專ら僅か廿八歲の青年阿禮の誦む所に賴らねばならなかつたと云ふ一事をもつてするも充分である。阿禮が一見して讀み得る文字が若も漢字であつたとすれば勿論安萬侶も極めて容易に之を誦み得べき筈である。從つて修史の事も阿禮の誦む所に依存するやうな事をしないで出來たのに、之を敢てしなかつたのは資料たる帝紀とか本辭とかと稱するものが漢字で書いてなかつたからである。阿禮にしても漢字を容易く誦み得る位なら、それを綴つて撰錄する事が出來たかも知れないのに彼がそれを爲し得なかつたのは彼の有する知識は漢字漢文の知識でなく、神代文字の知識だつたからである。

或は又太安萬侶が阿禮の誦んだ所に賴つたのは何も阿禮に賴つたのではなく、天武天皇が阿禮に勅語し給ふたからであると云ふのである。「阿禮に勅語して」とあるのと「稗田阿禮が誦む所の勅語の舊辭」と二ヶ所に勅語と云ふ事がある。之は共に天武天皇御親ら、阿禮に直接宣り給ふた意味の語と見るべきものであると解さるべきである。これが神代文字の存在を認むべき理由の十一である。

十二、世界に於てどの位の文字が創造されたかと云ふに少くとも二百種以上の文字がある。そのうち今尙使用されて居るものだけをもつて見るも五十種以上あると言はれて居る。斯く多數の文字中には楔形文字や、象形文字や會意文字、又は音標文字などの文字があつてそのうち最も古い頃に創造されたのは象形文字である。その象形文字を一番早く創造したのは埃及と稱されて居る。埃及の象形文字は今より六千年以前に出來たもので世界に於ける文字のうち最も古いものと思はれて居る。漢字の起原に就ては伏羲氏が創造したとの說がある。さうだとすれば今より約四千九百年前に出來たものと云ふべきである。之に對して蒼頡《サウケツ》が作つたと云ふ說がある。蒼頡は黃帝の史臣であつたから、之によると約四千六百年前に出來たものとなるのである。

許愼說文序に「黃帝之史倉頡初造ニ書契一、依レ類象レ形故謂ニ之文一其後形勢相益、卽謂ニ之字一、著ニ於竹帛一謂ニ之書一」とある。又一說には蒼頡は庖犧の臣で共に書契を造つたものとも云はれて居る。庖犧氏とは卽ち伏羲氏の事である。此等の說を綜合して考へると漢字の起原は今より四千六百年より遲からず、四千九百年より早からざる頃に創造されたものと云ふ事が出來るやうである。

ヘブル文字はどうであるかと云ふに紀元前二千五百年埃及に於て發見されたのゝなかに、ヘブル文字があつたのをもつて考へると少くとも今より四千五百年位前に創造されたものであることがわかるのである。猶太の偉人モオゼが生れたのは今より三千五百十二年前で、そのモオゼは日本に來た事があると思はれるのである。現にモオゼの書遺した裏十誡がある。モオゼは俟及に於て生れ、俟及に於て王宮に人となり四十歳にしてアラビヤの荒野に牧畜生活をなし、八十歳にして俟及に於ける同胞イスラエル人百萬を率ゐてカナンの地に移住せしむる民族的の大偉業を敢行し、四十年間の長きにわたつてアラビヤに於ける民族鍛錬の難關を突破するため西乃山に登つて神より十誡を授けられた事は極めて著名な事である。この四十年間に彼は海を渡つて日本に來たものであると推察されるのである。我が國をめぐる周圍の事情がこんな風に文化が進み文字を創造し、而も我が國との交通も夙に開けて居たと見るべきものがあるのに拘はらず、我が國には毫もその影響を受けた形迹がないと考ふるのは甚だ不自然な事である。

第七代孝靈天皇の朝七十二年に秦始皇帝の重臣徐福は童男童女五百人を率ゐ大船八十五艘に分乗して不老不死の良藥を求めむが爲に來朝したが、後遂に我が國に歸化した事實がある。これより漢字が漸く用ひらるゝに至つた。然るに今尚ほ漢字は應神天皇の御代に於て百濟から論語千字文を献上した時に始まると思つて居る者が尠くない。斯る者は神武天皇の御卽位以來約千年の長きにわたつて我が國には文字がなかつたと信じて居る。その盲目的信仰に驚かざるを得ない。前述したやうに支那に於ては神武天皇の御卽位以前約二千三百年に文字が出來、俟及では、更にそれよりも千年前に象形文字が出來た事が明かになつて居る。猶太ですらも千六百年前（神武天皇の御卽位より）に文字があつたと云ふのに我が國のみ、どうしてそれらの國々より二千年も三千年も後れてやつと漢字の移入を見るに至つたと云ふやうな事が眞面目に考へられねばならないのか。斯る考をなさねばならぬ事が不可解の事である。その後に於ける我が國民の文化的發展に見るべきものがなく、全く劣等人種と同一視されねばならぬやうなものならばいくら殘念がつても致方はないが事實は正にその反對であつて我が日本民族は世界の如何なる人種に比べても決して劣つては居ないのである。斯る人種がどうして何時までも周圍の國々の文化に目をつぶつて獨り文盲に安閑として居るやうな事があり得よう。これ我が國には夙に一種の文字が創作された事を信ずる理由の十二である。

神代文字が我が國に於て創作された事を信ずべき理由は以上をもつて盡きたと云ふのではないがこれだけをもつて考へても我が國に上古より文字があつた事を承認するに充分なものがあると云ふ事が出來る。殊に之を立證するに最も有力なる神代文字そのものが今尙ほ多く神社、その他に嚴存するに於てをやである。

第二章　我が國上古の文化

前章に於て我が國獨創の神代文字が夙に存在した事を認むべき理由を列擧して之を明かにした。更に上古に於ける我が祖先たちが有つて居た文化がどんなものであつたかを學び、その方面から考へても文字がなくてはならない事を明かにしたいのである。之をなすには我が國の古典として最も重要なものであり、又我が國體なり、歷史なり、生活なりを闡明する上に於て唯一の資料と見做されて居る、古事記、日本書紀に據ることゝした。學者中には記、紀の神代卷に關する內容を神話とか傳說とかと云つて之を極めて輕く見て、その歷史性を認めない者もないことはないのである。斯る人は要するに我が國の歷史、我が祖先の生活等に對する信念を缺いた人たちであつて共に我が國古代の文化を語るに足らない人たちである。

(1)　太占と神代文字

太占《ふとまに》に就ては前章に於て神代文字存在の理由として極めて簡短に述べて置いた。再び玆に記述する事は重複にわたる所もないとは限らないが、稍詳しく述べて見たい。

「ふとまに」は漢字で太占、太兆などの字を當てゝある。此等は日本書紀に用ひられた文字で、古事記には布斗麻邇《フトマニ》と音で書いてある。これは我が神代の大古に於て初めて行はれた一種の占《うらなひ》である。伊邪那岐伊邪那美の二神が最初に生みたまうた御子は水蛭子《ひるこ》であつた。それで兩神は天之御中主神の御所に至つて何故斯る蛭子を生むに至つたかを窺はれた。その時天神の命をもつて布斗麻邇に卜《うらへ》相られた。うらへられたのは兩柱の神である。天神の命をかしこみて伊邪那岐神が卜はれた所によると、其の結果は兩神の目合《まくはひ》の順序が良《ふさ》はしくなかつた事が告げられたのである。それを天神の命としてお聽きになつた所は斯うであつた。

「それは天之御柱を行き廻りなされた時に女神が先に言葉をかけ給ふて「あなにやしえをとこを」と唱へ次に男神が「あなにやしえをとめを」と仰せられたのが宜しくなかつた。それで更めて天之御柱を行き廻り男神たる伊邪那岐神先づ言葉を唱へになり次に女神たる伊邪那美神が之に和して言葉をかけ給ふと宜しいとの事であつた。兩神は隱身の神に在ます天之御中主神の御神託を太占によつて明示されたのであつた。

又天孫御降臨の時には天神の勅によつて、神事の宗源を主る天兒屋命は、太占の卜事をもて仕へ

奉らしめられた。降つて人皇の御代に至るや太占の事は屢行はれたと明記してあるのを見るのである。日本紀承平私記に

「先師說云。漢字傳ニ來我朝ニ者應神天皇御宇也。於ニ和字ニ者　其起可レ在ニ神代ニ歟。龜卜之術者起レ自ニ神代ニ云々　無ニ文字ニ豈可レ成ニ卜哉云々」とある通り、卜の起原は神代にあることは記紀の一致する所である。伴信友の正卜考によれば太兆とは鹿の肩骨を灼て卜相《うらあは》すのである。およそ縦四五寸ばかり、横は上の方一寸六七分ばかり下の方五六分ばかりの肩骨に驗體《しるしかた》を圖のやうに畫いて灼いたのが後日に至り、鹿の骨に代つて龜の甲を用ふる事となつたのである。龜の甲は鹿の骨よりも固いので灼くべき地《トコロ》を小さく薄くかくの如く削る。これを穴と云ふのである。この穴の内に驗體《しるしかた》をかくの如く畫くことになつた。即ち龜卜の法によつて卜ふ事になつたのである。

このトをなすに就ては今日言ふ所の文字の如く發達した文字でない迄も、一種の文字、又は符號とも稱すべきものがなければ卜ふ事が出來ないのである。それで太占と稱する一種の卜相が行はれたとすれば必ず文字、又は文字に近き符徵が存在しなければならないと言ふのである。

此の太占が如何に重要な意義を有つて居るかと云ふことを證するには古典に記された次の記事を

引照する事が出來る。天照大御神が天石屋に御隱れになつた時、八百萬神たちが天安之河原に集つて善後策を協議の結果、思金神に思はしめて、「天兒屋命、布刀玉命を召《よ》ひて、天香山の眞男鹿の肩を內拔きに拔きて、天香山の天波波迦を取りて、占合《うらへ》まかなはしめ」たとある。

神籬《ひもろき》磐境《いはさか》の神勅は天壤無窮の神勅及び齋鏡齋穗の神勅と共に三大神勅と併び稱せらるゝ所の極めて重要なる神勅であることは今更ら申す迄もない。之は皇孫御降臨に際して天兒屋命と太玉命に下し給ふたものである。

「汝天兒屋命、太玉命、宜しく天津神籬《あまつひもろき》を持ちて、葦原中國《あしはらのなかつくに》に降りて、亦吾孫《またすめみま》の爲に齋《いは》ひ奉れと。」

斯る大命を拜した天兒屋命《あめのこやねのみこと》は又別に一つの大切なる使命を帶はせられたのである。それは太占の卜事を以て皇孫に仕へ奉ることであつた。斯る重要なる記事が記、紀に存することは神代に於て既に天神の御神託を窺ふ道としての太占は一種の文字を伴ふものであることを物語つて居る。

註。波波迦に就て

白井理學博士の研究によつてハハカはウハシズザクラ、またはウハミゾザクラといふものであることが確定された。大正天皇御卽位式の齋田點定龜卜の神事にもこの木を日光御料林から採取して用ひられた。ウハミゾザクラ、またカニハザクラは白樺のことである。全く我が國特產の植物であると云ふ。ウハミゾと云ふ名は裏溝《うらみぞ》または占溝《うらみぞ》の轉訛で、鹿の肩骨をその木で灼いて、その割れ目の形によつて占ふことから出たのであらうと言はれてゐる。

(2) 工藝文化と神代文字

工藝文化と精神文化とは併行すべきものであつて、工藝文化のみ非常に發達して精神文化は遠く之に及ばないと云ふが如き事は決して一般普通の狀態ではない。工藝文化が進步する所には必ずや見るべき精神文化の存する事を推定することが出來るのである。神代文字を否定する論者は我が國には應神天皇の御代に百濟から論語、千字文を貢するに至るまでは文字が無かつたと斷ずるのである。斯る獨斷は餘りにも我が祖先の劣等人種たることを肯定する結果を來すので到底之を承認することは出來ない。王仁《わに》が論語、千字文を獻じたのは應神天皇の十六年で皇紀九百四十五年である。神武天皇の卽位以來約九百五十年の長い間、我が日本には何等の認むべき文字が無かつたと云ふのである。從つて何一つとして文字をもつて記載すると云ふ事もなかつたと斷定するのである。歷代天皇の御名も之を記すことは出來なかつた。歌を咏むでも之を書き記すことも爲なかつた。歌を咏む知能を有つても文字を考へ出す思慮はなかつたと云ふので甚だ矛盾した事を强ひて主張せんとするのである。果して我等の祖先はそんなに幼稚な民族であつたのであるか。此の疑問に答ふる前に我等は祖先が爲した立派な工藝文化を正視する必要がある。

此所に擧げんとするのは古事記、日本書紀に記載された天石屋戸に關する記事である。天石屋戸に隱れ給ふた　天照大御神を迎え出す爲に「天安河の河上の天堅石《あめのかたいし》を取り、天金山《あめのかねやま》の鐵《かね》を取りて、鍛人《かぬち》天津麻羅《あまつまら》を求《ま》ぎて、伊斯許理度賣《いしこりどめ》命に科《おほ》せて鏡《かゝみ》を作らしめ、玉祖命《たまのやのみこと》に科《おほ》せて八尺勾瓊之《やさかのまがたまの》五百《いほ》津之御須麻流珠《つのみすまるのたま》を作らしめた」とは古事記の傳ふる所である。

日本書紀には單に鏡と珠を眞坂樹に懸けたことを記してあるのみで、その製作に關しては何とも書いてない。卽ち「天香山《あめのかぐやま》の五百箇《いほつの》眞坂樹《まさかき》を掘《ねこじ》にして、上枝《かみつえ》には八坂瓊之《やさかにの》五百箇《いほつの》御統《みすまる》を懸《か》け、中枝《なかつえ》には八咫鏡《やたのかゞみ》を懸け（一は眞經津鏡《まふつのかゞみ》と云ふ）」とあるが一書の第一には次の如く記してある。

「故れ卽ち石凝姥《いしこりどめ》を以て冶工《たくみ》と爲し、天香山《あめのかぐやま》の金を採りて、日矛《ひほこ》を作らしむ。」

又一書の第二には次の如く書いてある。

「乃ち鏡作部《かゞみつくり》の遠祖《とほつおや》天糠戸《あめのぬかど》といふ者をして鏡《かゞみ》を造らしめ、玉造部《たまつくり》の遠祖《とほつおや》豐玉《とよたま》といふ者には玉《たま》を造らしめ」云々とある。

更に一書の第三には

「上枝《はつえ》には鏡作《かゞみつくり》の遠祖《とほつおや》、天抜戸《あめのぬかど》が兒《こ》、石凝戸邊《いしこりどべ》が作れる八咫鏡《やたのかゞみ》を懸《か》け、中枝《なかつえ》には玉作《たまつくり》の遠祖《とほつおや》伊弉諾尊《なぎのみこと》の兒《みこ》天明玉《あめのあかるたま》の作れる八坂瓊之曲玉《やさかにのまかたま》を懸《とりか》け」云々とある。

（イ）鏡の製作

以上によつて知らるゝ如く、天石屋戸隱れの際に、天照大御神を迎え奉る爲に、鐵をもつて鏡を作らしめ、又勾玉を造らしめたと云ふ事が行はれた。或ものは此等の記事は傳說であつて史實を傳へたものでないから歷史と云ふことは出來ない。單に之を撰錄した者の心理に存したに過ぎないと論じて居る。然し當時製作された鏡が現に神宮、神社に祭神として奉齋されてあるとすれば、しかく容易に之が史實を拒否することは許されない。前記一書の第一の條に

「此を用て造り奉れる神は、是れ卽ち紀伊國に坐す「日前神《ひのくまのかみ》なり」とある如く、石凝姥が天香山の金を採つて作つた日矛鏡と次に造つた日像鏡とは和歌山縣海草郡宮村秋月に鎮座する官幣大社日前《ひのくま》神宮《じんぐう》、國懸神宮《くにかゝすじんぐう》の御靈代として祀つてある。この鏡が兩神宮の御靈代として此所に祀らるゝに至つたのは。此鏡は少しく神達の御意に合はなかつた爲である。次に鑄られたのが伊勢神宮の御靈代として祀り奉る八咫鏡であると云ふことである。卽ち前記した一書の第二に次の如く述べてある。

「中臣《なかとみ》の遠祖《とほつおや》天兒屋命《あめのこやねのみこと》、則ち神祝《かむほざ》きゝ。是に日神《ひのかみ》、方に磐戸《いはと》を開けて出す。是の時に鏡《かゞみ》を以て其

の石窟に入れしかば、戸に觸《つきゞ》れて、少《すこ》し瑕《きつ》つけり、其の瑕《きず》今《いま》に猶存《なほつせす》。此れ即ち伊勢に崇秘《いつまつ》る大神《おほかみ》なり。」

とあるによつて明なる如く伊勢皇太神宮の御靈代は神鏡である。その神鏡は天窟戸開きの爲に鑄造されたものである。この皇太神宮は畏くも天照坐皇大神を奉齋しまつる大宮で實に我大日本帝國の宗廟、御靈代は三種の神器の一たる八咫鏡である。

「吾《あ》が兒《みこ》、此の寶鏡《たからのたゝみ》を視まさむこと、當《まさ》に吾《あれ》を視るがごとくすべし。與《とも》に床《みゆか》を同《おな》じくし、殿《みあらかひとつ》を共にして、齋鏡《いはひのかかみ》と爲《な》すべしと。」

詔らせられたのである。斯も貴き神鏡が鑄造される迄に工藝文化が發達して居た。皇太神宮、及び神宮の御靈代として奉祀してある神鏡、日矛鏡、及日像鏡に就ては我が古典に記したる所、以外に於てはその鏡の製作等に就て知ることが出來ないが、此等の神鏡等と略同時期に鑄造されたと推定さるゝ鏡が現存して居ることが實證される時に於ては、更に明瞭なる知識を得るに至ることを信ずる者である。

(ロ) 玉の製作

天石屋戸に關する記事で次に注意すべきは珠の製作である。古事記によれば

「八尺勾璁之《やさかのまがたまの》五百津之《いほつの》御須麻流之珠《みすまるのたま》」を玉祖命に科せて作らしめたとある。この珠は速須佐之男命とうけひし給ふた時天照大神が御美豆良《みつら》に纒《まか》かせる珠《たま》と思はれる。少くとも同じ名稱をもつて記されてある。

書紀第三の一書には「玉造《たまつくり》の遠祖《とほつおや》伊弉諾尊《いさなぎのみこと》の兒《こ》天明玉《あめのあかるたま》の作れる八坂瓊曲玉《やさかにのまがたま》」とある。この玉はどんな玉であつたか此所に明記する事は出來ない。けれども全國各地から堀出された玉の種類と略同じやうなものであつたらうと推察することが出來る。帝室博物館に陳列してある勾玉十八種、管玉及び他の玉類が二十種ある。それらのうちには水晶製、碧玉岩製、硬玉製、琥珀製、土製、滑石製、瑪瑙製、ガラス製、純金製、銀製鍍金、縞珐琅製などがある。此等は古墳時代後期文化に屬するものと思はれて居るのであるが前記の勾玉《まが》即ち玉造の遠祖天明玉の作つたものは如何なる性質のものであつたか、今日に於て之を明にすることは出來ない。無論ガラス製であつたと斷定することは不可能である。けれどもガラス製の曲玉《まが》が想像以上に古い時代に製造されたと云ふ事は疑を容れない所である。帝室博物館陳列のガラス製勾玉四つのうち三つ迄は富山縣の出土で、殘りの一つは兵庫縣城崎郡の出土である。またガラス製の管玉は長野縣上高井郡の出土で、ガラス製棗玉は群馬縣碓氷郡の出土である。

けれどもガラスをふかす坩堝《るつぼ》や、又ガラスの塊などは島根縣八東郡玉湯村大字玉造の出土と傳へられてゐる。尙昭和十四年一月發行の「神日本」誌上に高橋普宰氏が發表した所によると

「本年六月發見に掛る墓の像は幅三寸二分、丈五寸にて眼腹尻脊に四個のガラス厚二分、長さ一寸幅九分あり。ガラス礦石の母岩に附着しつゝ在る者とせば神代礦山學の進步發達實に驚くべきなり。神代何萬年前吾國にてガラス製作物を發見せるより大に興味を持ち探見したるに今度はガラス製の曲玉を得たり、幅二寸五分、丈三寸五分にて糸穴あり、大體はガラスにて種々の石を挿入し色ガラス、白ガラスの二種にして平板なるものを用ひて作製せし跡歷然たり。曲玉一世期のものにて何萬年前のものなるべし。日向時代の曲玉管玉の三世期の物に屬すべし。」と。之によつてガラス製曲玉の出土地として山形縣最上地方が加へらるゝ事となつた。

これらの分布狀態をもつて考へると玉のガラス製と云ふ事は古墳時代後期に於て旣に一般に普及して居たものと考へても不當ではないと思はれる。從つてガラス製品は相當上古に溯つてその存在を認むべき理由があることも考へられるのである。

遊就館の考證によつて出來た上古武裝のうちに頸玉《くびたま》の事が說明してある、そのうちに次の名稱が列記してある。赤瑪瑙、勾玉《まがたま》、青瑪瑙、竹玉《たけたま》、水晶、切子玉《きりこたま》、紺色吹玉《こんいろふきたま》。この吹玉《ふきたま》と云ふのはガラ

ス玉の事である。

その武装は神武天皇以後佛教渡來以前と斷つてはあるが、それよりも以前即ち、速須佐之男命が天に參上りました時天照大御神が武裝なし給ふた所と殆ど變りはない。即ち髮《かみ》を美豆羅《みづら》に結び、耳《み》朶《たぶ》に耳輪《みゝわ》を着け、頭《かしら》には鍍金天冠《こきんてんくわん》を着け、頸《くび》には御頸玉《みくびたま》を嬰《か》け、赤地の栲布衣《たへぬのきぬ》に白栲《しろたへ》の褌《はかま》を着し、頭鎧《あたへよろひ》、短甲《みじかよろひ》を擐《ちやく》し、手頭《てくび》には手玉《てだま》を着け、左臂《ひたのたなき》には鞆《とも》を着く。右手には鞢《すかけ》を措《さ》し、腰《こし》には黒《くろ》葛組《つゞらくみ》の靫《ゆき》を佩ひ、鍍金頭槌《こきんくぶつち》の劍《たち》を佩《は》き、脚帶《あゆひ》を爲し、黑沓《くろくつ》を穿《は》き丸木弓を射んとする體を示したものである。之に對して天照大神の御武裝を記した所を引照すれば次の如くである。古事記に

「即ち御髮《みかみ》を解《と》き御美豆羅《みみづら》に纏《ま》かして、左右《ひだりみぎり》の御美豆羅《みみつら》にも、御鬘《みかつら》にも左右《ひだりみぎり》の御手《みて》にも、各八《みなや》尺勾璁之五百津之美須麻琉之珠《さかのまがたまのいほつのみすまるのたま》を纏《ま》き持《も》たして、曾毘良《そびら》には千入之靫《ちのりのゆき》を負《お》ひ、五百入之靫《いほのりのゆき》を附《つ》け亦臂《たゞむき》には伊都之竹鞆《いづのたかとも》を佩《お》ばして、弓腹《ゆはらか》振り立てゝ、堅庭《かたには》は向股《むかもゝ》に蹈《ふ》みなづみ、沫雪《あはゆきな》如す蹶《く》ゑ散《はらら》かして、伊都之男建蹈《いづのをたけびふ》み建《たけ》び」とある。兩者を對照すれば明かなやうに神武天皇の時代に於ける武裝と天照大神の武裝とは甚だ能く似て居る。單に頸に纏はれた珠に就て見ても兩者は全然一致して居る。五百津之美須麻流とある五百津は多くのと云ふ意味で、美須麻流とは御統《みすまる》で、勾玉《まがたま》を數多く、長い緒で貫き連ねたものと云ふ意である。此等多くの珠のうちには赤瑪瑙、青瑪瑙、水晶、などで製造し

た勾玉《まがたま》や竹玉《たけたま》、切子玉《きりこたま》があつたことを示すとゝもに又紺色の吹玉《ふきたま》のあつた事も示して居る。この吹《ふき》玉《たま》は所謂る吹《ふ》かし玉でガラス製の玉である。天照大御神が御頸に嬰《か》け給ふた玉は水晶製、瑪瑙製、硬玉製のものがあつたらうと思はるゝと共に吹かし玉もあつたのではなからうか。

要するに記紀の傳ふる所によれば天照大御神の時に於て既に鏡が製造され、弓矢、が製造されたのみならず、勾玉の製造が行はれる迄に工藝が發達して居た事は最早毫も疑ふの餘地がない。然るに之に伴ふ精神文化は見るべきものなく、文字すらなかつたと否定するが如き事は甚だしき矛盾と言はざるを得ないのである。

(3)　上古我が國運の發展

日本の工藝文化、精神文化、ともにその淵源する所遠く神代にあることは前二項に於て略之を知ることが出來る。それにも拘はらず我が國には神武紀元九百四十五年、卽ち應神天皇十六年に百濟《くだら》の王仁《わに》が論語、千字文を献上する時に至るまで文字がなかつたと斷ずるが如き事は、我が國運の發展に鑑み到底之を許す譯には行かない。

我が國神代の記錄を正視する者は誰一人として須佐之男命が妣《はゝ》の國に往くと云つて根《ね》の堅洲《かたす》國《くに》に

赴かれた事を死《し》の國卽ち黄泉《よみ》に往かれ事と思ふ者はあるまい。未だ史眼が充分に開けなかつた國學者たちのうちには黄泉國と云へば直ちに之を死後の國と早合點した者もない事はない。然し關係記錄を巨細に照合して之を研究すると之は隣國朝鮮を意味する事は甚だ明瞭である。又朝鮮に存する文献によつても之を徵證することが出來るのである。

東國通鑑外傳に曰く

東方初無二君長一。有レ神。降二檀木下一。國人立爲レ君。是爲二檀君《タキ》一。國號二朝鮮一。是唐堯戊辰歳也。初都二平壤一。

東國通鑑は朝鮮の成宗十六年徐居誠《じよきよせい》等の撰んだもので我が後土御門天皇文明十七年に相當するので、年代から言へば足利末期に屬する。玆に引照した文中「檀君」とあるは之をタキと訓む。タキは猛雄《タキ》とも云ふ。卽ち五十猛《いたけの》命の事である。東國通鑑よりも約二百年前に成りたる「三國遺事」にも五十猛命の事を記してある。少し長いけれども壇君《タキ》の誕生以前に遡つて引照することにした。

昔有二桓因《カムイ》　庶子《ソン》一桓雄《カムテ》。數意二天下一。貪二求人世一。父知二子意一。下二視三危大伯一。可三以弘二益人間一。乃授二天符印三箇一。遣二往理一レ之。雄率二徒三千一、降二於大伯山項神壇樹下一。謂二之神市一。是謂二桓雄天王一也。將二風伯、雨師、雲師一、而主穀、主命、主病、主刑、主善惡、凡主人間、三百六十餘事一。在世理化。

時有二一熊一虎一同穴而居。常祈二于神雄一願二化爲レ人。遺二靈艾一炷、蒜二十枚一。曰食レ之、忌三七日。熊得二女身一。虎不レ能レ忌。而不レ得二人身一。熊女、無二與爲レ婚。故每於二壇樹下一咒二願有レ孕。雄假化而婚レ之。孕生レ子。號曰二壇君王儉一。以二唐堯卽位五十年庚寅一。都二平壤城一。始稱二朝鮮一。

この意味を考ふるに桓因庶子《カムイソシ》は神伊諾弉《カムウザナギ》の事で桓雄とは神素盞雄の尊を意味する。又神、子の意を知つて之を人間界に下す。その際天符印三箇を授けた。之は恰も皇孫に三種の神器を授け給ふた事と同じことで、往て之を理めしめ給ふた。根の國に往かしめたと云ふ事の意が窺はれる。朝鮮には大伯山と稱する山が幾つもあるから明かに何處の山であると云ふ事は斷定し難いけれども平壤の北方大同江源と鴨綠江源との中間分水嶺で香山と稱せらるゝ所ではないかと思はれる。風伯以下三百六十餘事とあるは神名の漢譯と、その部屬の數である。一熊、一虎とは比喩で、熊とは北方人種の事を云ひ、虎とは南方人種を指すのである。共に穴居時代に於ける事を云ふのである。神雄《カムヲ》に祈るとある神雄は卽ち桓雄で、是れ明かに桓は神の古音譯なることの證據である。

彼等原住民族たちは化して人と爲らんことを願つたと云ふのは天神族の如く文明、高貴を得んことを願望した。それで神《カム》が艾《ヨモギ》と蒜《ニラ》とを遺して之を食し日光を見ざること百日に及べば人の形を得と言つた。艾と云ひ蒜と云ふ之を食すと云ひ日光を見ずして忌むと云ふ、蓋し新羅古史家が支那經典に附會して述べたもので齋戒、祭祀を敎へたものと察せられるのである。北方民族たる熊族は之を服用して天神族の文明を受くるに至つたが南方族の虎族は遂に天神族の文明を受くる迄に至らなかつた。熊族の女は天神族と婚嫁す。斯くして生れたのが壇君《タキ》である。この壇君が平壤に都を奠めた。

以上は朝鮮の文献によつて素戔鳴尊が朝鮮に深い關係を有せらるゝ事を見たのであるが、日本書紀にも亦素戔鳴尊がその子五十猛命と共に新羅の國に降られた事を記してある。

日本書紀神代上、一書に曰はく。「是《こ》の時に素戔鳴尊《すさのをのみこと》、其の子五十《い》猛神《たけるのかみ》を帥《ひき》ゐて、新羅國《しらぎのくに》に降到《くだ》りまして、曾尸茂梨之處《そしもりのところ》に居します。」

と、又他の一書には

「素戔鳴尊の曰はく、韓鄉之《からくにの》嶋《しま》は是《こ》れ金銀《こがねしろがね》有り、若使《もし》吾《あ》が兒《こ》の所御《しらす》る國《くに》に浮寶《うきたから》有《あ》らずば、未《よ》是《か》佳《ら》也《じ》とのたまひて、乃ち鬚髯《ひげ》を抜《ぬ》き散《あか》つ。卽ち杉《すぎ》と成る。又胸毛《むねのけ》を抜《ぬ》ぎ散《あか》つ。是檜《ひのき》と成る。尻毛《かくれのけ》は是れ柀《まきのき》と成る。眉毛《まゆのけ》は是れ櫲樟《くすのき》と成る。已にして其の用ふべきを定む。乃ち稱《ことあけ》して曰《のたま》く、杉《すぎ》及び櫲樟《くす》此《こ》の兩樹《ふたつのき》は以て浮寶《うきたから》と爲す可し。檜《ひのき》は以て瑞宮《みつのみや》を爲るべき材《き》とす可し。柀《まき》は以《も》て顯見蒼生《うつくしきあをひとくさ》の奥津《つ》棄戸《すたへ》に將臥《もちふ》さむ具《そなへ》に爲す可し。夫の噉《くら》ふべき八十木種《やそこだね》も、皆能く播し生う。時に素戔鳴尊の子《みこ》、號《みな》を五十猛命と曰す。」

以上引證する所によつて須佐之男命が妣《はゝ》の國に往くと云つて赴かれた根の堅洲國は朝鮮なる事は疑ひなき所である。更にその朝鮮は神功皇后の征韓戰以前より日本の植民地であつた事が史實として傳へられて居る。三國志の魏志卷三十馬韓傳に曰く。

韓在二帶方之南一。東西以レ海爲レ限。南與レ倭接と記してある。この韓は古三韓未だ亡びず、新羅、百濟、高麗、未だ起らなかつた大古に於て韓（卽ち馬韓王國）の南半は倭（日本植民地）であつたことを示すものである。或ものは此の「南與レ倭接」の四字を强ひて海峽を隔てゝ相接するの意義に曲解するけれども、文の全體から見し決してさうは解されないのである。卽ち東西は海と記したと同じやうに南は倭と明記したのは韓と倭と境界を接して居ることを示したものである。更に之を同志の辨辰傳によつて見れば益々明瞭となる。

辨辰。與二辰韓一雜居。……其瀆盧國、與レ倭境レ界」と

辨辰と云ふのは辨韓と辰韓と兩種の混合せるものを言ふのである。瀆盧《から》國が倭（卽ち日本の植民地）と界を接して居ることが明記された一例である。

之を要するに日本の文化は一部の人が考ふる如く應神天皇の朝に至るまで一丁の文字をすら有し

なかつたと云ふやうな幼稚なものであつたと云ふのでなく、寧ろ遙かに隣邦韓國を凌駕し、其所に植民地を樹立し、其の植民は單に韓半島の南端に留まつたと云ふやうなものでなく、西方鴨綠江兩岸にまで散布して居たことが左の記述によつて知ることが出來るのである。即ち「馬韓傳」の終に曰く

桓靈之末、韓濊彊盛、郡縣不能制。民多流入二韓國一。建安中、公孫康分二屯有縣以南荒地一。爲二帶方郡一…… 興兵伐二韓濊一。舊民稍出。是後倭、韓、遂屬二帶方一。

この記事は日本植民の勢力牢固として內地に確立し、其の商權は土着韓濊民族と異なることなきを示すのみならず、日本植民は西方鴨綠江兩岸にまで散布したことを示して居る。事情既に斯の如し。日本人、馬韓人、辰韓人到る處に雜居往來して平和に生活した事をもつて考ふれば當時の韓半島の言語は相互共通して意思の疎隔を來たすが如き事はなかつたものと推定されるのである。又日本植民地の勢力が增大するに從ひ勢ひ、日本語は其の地方に於て優勝の地位にあつたものであるから韓國の古文献、契丹の文献特に濱名寬祐氏によつて世に知らるゝに至つた日韓古言の同一等は當に然るべきものであるとを言はざるを得ないのである。

以上說き來つた所によつて知らるゝ如く、我が國は須佐之男命の時代に於て既に韓國に對して寧

ろ優越の地位を占めて居たことは明かである。更に此の意味を裏書する如くに思はるゝは韓國を「から」と稱する言葉である。崇神天皇の御代に來朝した王子が意富加羅《オホカラ》と云つた加羅《から》と云ふ言葉は粟《あは》莖《から》（少名彦命の場合）とか稻莖《いねから》（景行天皇紀）等の莖《から》は其の穀實に屬し、親族《うから》、同胞《はらから》は其の族長《うじのかみ》、家長《いへのかみ》に屬し、胴《から》（又は體）は頭《かみ》に屬することを意味する如く韓國《から》は本來神の國（大日本は神國である）に屬する地方の意義である。日本を治らす天皇は宇内を統馭し給ふを本義とするので、それから延ひて此の「加羅」と云ふ稱呼を一般外國に及ぼすに至つたのである。（日韓上古史の裏面上一一二頁參照）

人或は「カラ」と云ふ稱呼が崇神天皇の朝に意富加羅國《おほからのくに》の王子《こにきし》、都怒我阿羅斯等《つぬがあらしさ》、亦名は于斯岐《うしき》阿利叱智干岐《ありしちかんき》と曰ふ人來つて日本國に聖皇有すと聞《うけたまは》りて歸化《まゐおもむ》く。と云つた事から「から」と云ふ呼方が始めて我が文献に記さるゝに至つたと思つて居る者がある。然し日本が韓半島に大勢力を有した事は前述の通り、太古からの事で「カラ」と云ふ稱呼は決して崇神天皇の時からではない。狗羅國《から》（馬韓）甘路國《から》、狗邪國《から》、瀆盧《から》（以上辨辰）六加耶國、屈阿火《からける》（蔚山南部の古稱）などによつて知られて居る。

日韓兩國間に於ける上述の關係は記、紀のうちにも之を見る事が出來る。

神代卷の中に於て素盞嗚尊が五十猛尊を帥ゐて韓國に降臨をなさつたのは何ぜであつたか。素尊が高天原を辭し去られた後、諾冉二神の舊都であつた大和國に歸らないで、故らに一旦韓國に赴き其所から出雲國簸川上に天降られたのは何故であつたか。出雲國が大八洲國の首都として不適當であつたのは論を俟たないが素尊が出雲を選まれたに就てはさうなさるべき絶對必要があつたと思はれるのである。それは外ではない。先に經營したまへる韓國領土の統馭關係に重きを置かれた事である。

出雲風土記國引《くにびき》の傳ふるが如く素尊が八《や》束水《つかみつ》臣津野命《おみつぬのみこと》の美稱をもつて八雲立づ出雲國は狹布《さぬ》の稚《わか》國《くに》なるかも。初國《はつくに》小《ちひさ》く作らせりとて志羅紀《しらき》（新羅に同じ）高志《こし》（慶尙南道全羅沿海の古地名は總て高志と云へり）等より國引《くにびき》をなし後七世國造《くにつくり》大已貴命《おほなむちのみこと》の國避《くにさり》に至るまで出雲神政時代の重要なる目的は韓半島にあつたのである。殊に韓半島南海岸全線に亙り高志なる太古地名の存在した事は出雲政權の長く行はれた名殘たることは明かである。

之を要するに神代に於て既に隣國に植民地を有する程の國力を有つて居た我が皇國が、植民地の地方よりも劣つて居たとは考へられない。殊に神武天皇卽位以來約一千年を經過する迄文字を有しなかつたと云ふやうな事は、我が國運の發展上到底許容することの出來ない一大矛盾と言はざるを得ないのである。

第三章　我が古典と神代文字

玆に古典と稱するのは主として古事記、日本書紀、及び古語拾遺を意味するのである。その他の古典に就ては別に述ぶる所があらうと思ふ。

(1)　古事記の序文

神代文字の有無、存否に就ては諸説區々として未だ一定して居ない。從來幾多の學者たちが此の問題に就て論議して居るので、その眞相が漸く明かになりつゝあるのは我が國文化の淵源を遠く神代の昔に溯つて之を確める事が出來るので大に喜ぶべき事である。

それにも拘はらす一部の學者中には神代文字が存在しなかつたと云ふ事は今や定説となつて居ると斷言する人たちがある。それらの人たちに向つて然らばどう云ふ理由で、そんな斷定をするのであるかと反問するに殆ど一人として自らその理由を研究した人はない有様である。多くは古語拾遺に「蓋聞く、上古の世未だ文字有らず」とあるから、神代文字はなかつたのだと云ふの一點張である。然もそれらの學者たちのうちに誰一人として所謂る神代文字そのものを解讀、研究した者とては無いと言つても過言ではない。こんな程度で神代文字は存在せずと斷定するが如きは學者の態度として甚だ遺憾なりと言はざるを得ない。

斯る情勢のうちに在つて京都帝國大學文學部長だつた三浦周行博士は神代文字を認めた一人として「國史概要」中に次の如く述べて居る。

「我國の古代に於ては支那文學の採用以前に固有の文字があつたけれども支那文字の傳來と共に滅びて了つたと說くものがないでもない。古くは本邦書籍目錄に見えた肥人書（五卷）薩人書や、近世一部の國學者の唱へた神代文字の如きは其一つである。近來考古學上の發見は多少之を裏書するものがないでもないが、もとより一般に使用されてゐたことを立證するに足らぬ。」と。

三浦博士も未だ積極的に神代文字の存在を勇敢に主張する迄には至つて居ないが、兎に角之が存在して居たと云ふ事は近來の考古學が之を裏書して居る。只その神代文字が一般に使用されたと云ふ事は證明がないと云ふのである。今日の如く文化が一般大衆に普及して居る時のやうに神代に於て文化特に文字が一般大衆に及ぶものとは考へられない。その頃は多く神々と尊ばれる雲上人とかある特權階級の人たちが之を使用したものに違ひなかつたと思はれる理由が充分にある。一般に普及して居たか、居なかつたかと云ふ事は寧ろ第二義的の事であつて、考古學的の研究に於て之が存在したと云ふ事が裏書されたら、これだけをもつても存在したと云ふ事は大膽に立證される筈である。

(2) 一大金字塔

古事記は我が國の文化を誇る一大金字塔である。その序文に明記してある通り古事記は太朝臣安萬侶が勅命を奉じて僅か四ケ月で之を撰錄して、和銅五年正月二十八日元明天皇に献上したものである。斯る大切なる古事記の原本が傳はらないで寫本が存するのみである。寫本中に於て最も有名なのは眞福寺本三帖（一に大須本とも云ふ）である。之は尾張國名古屋市の眞福寺寶生院に傳へられて今國寶となつて居る。上中の二卷は後龜山天皇の建德二年（後光嚴天皇の應安四年）に、下卷は後龜山天皇の文中元年（後圓融天皇の應安五年）に當寺の僧賢瑜が(二十八歲と廿九歲の時に)筆寫したもので、そのもとづく所は奥書によると龜山天皇の文永年間書寫の本であることがわかる。とにかく今を距ること五百六十九年前（昭和十六年の計算）の筆寫で文永年間の寫本の復寫本ながら現在に於て古寫本中最古のもので、古事記研究上貴重なる資料たることは菅政友の「眞福寺古事記由來考」に詳記してある通である。

古事記が出來たのは今から千二百二十九年前（皇紀千三百七十二年）であるが、その原本がどうなつたのであるか存在が明かでないと云ふ事は甚だ遺憾である。勅命によつて撰錄し、もつて献上された文献ですら、その當時は保管上何等か缺陷があつたものか斯くも大切な文献を紛失して了つたと云ふ事は何と云つても甚だしき失態である。勅撰の文献ですら、さうであるから、その他の文献が完全に保管されないのは敢て怪むに足らない。然るに神代文字に關してはその原本が存在しないとか、何とか非難してその存在を否定しやうとする否定論者があるのは此に酷にして彼に寛なる片手落ちの甚だしきものである。

原本の古事記が存在したとしてもそれが現存する我が國最古の文献ではない。況んや今より約五百六十年に出來た寫本に於てをやである。それと云ふのは古事記の出來た年より百六年前に聖德太子の十七條憲法が明文として制定せられて居る。卽ち推古天皇紀十二年の條に「夏四月、丙寅朔、戊辰（三日）皇太子親ら肇めて憲法十七條を作りたまふ」とあるのを以て知られて居る。

更に太子は「三經義疏《さんきやうぎそ》」も著はされた。三經とは勝鬘經《しようまんぎやう》、維摩經《ゆゐまきやう》、法華經《ほけきやう》のことである。勝鬘經の御講演の年は「法王帝說」によれば推古天皇の六年で、十七條憲法の制定より六年前となる譯であるが、日本書紀によれば十四年の事である。「十四年秋七月、天皇、皇太子に請《ま》せて、勝鬘經《しようまんぎやう》を講《こ》かしめたまふ。三日にして說き竟りぬ。是歲、皇太子亦法華經《ほけきやう》を岡本宮《をかもとのみや》に講《こ》きたまふ。天皇大に喜びたまひて播磨國の水田《た》百町を皇太子に施《おく》りたまふ。因りて斑鳩寺《いかるかてら》に納《い》る」とある。この三經義疏は太子の筆で我が國人最初の著述であると稱せらるゝもので今尙ほ存在して居る。

上宮太子が十七條憲法を制定し、三經義疏を著述し給ふてから百餘年を經て太安萬侶《おほのやすまろ》が古事記を撰錄したのはどんな順序方法に據つたものであるか。之を明にする事は神代文字の存否、有無を知る上に於て大なる助けとなるべきを疑はない。左に古事記の一部を引照することゝする。

「於是天皇詔之。朕聞諸家所㆑賫。帝紀及本辭既違㆓正實㆒多加㆓虛僞㆒。當㆓今之時㆒。不㆑改㆓其失㆒。未㆑經㆓幾年㆒。其旨欲㆑滅。斯乃邦家之經緯。王化之鴻基焉。故惟撰㆓錄帝紀㆒討㆓覈舊辭㆒。削㆑僞定㆑實。欲㆑流㆓後葉㆒。時有㆓舍人㆒。姓稗田名阿禮。年是廿八。爲㆑人聰明。度㆑目誦㆑口。拂㆑耳勒㆑心。即勅㆓語阿禮㆒令㆑誦㆓習帝皇日繼及先代舊辭㆒。」

註。當時立身出世を望むには姓の有無、身分の貴賤が一大要件をなしてゐたので、氏姓を僞る者が多かつたので先に允恭天皇は盟神探湯を行はしめて之を匡し給ふた。

天武天皇の時代には諸家に傳はつて居る帝紀及び本辭、帝皇の日繼及先代の舊辭等が多く存在して居た。それらのうちには虛僞を加へたものも尠くなかつた。今にしてその僞を削り、實を定めないと後世に至つては正實を知る事が出來なくなる惧《おそれ》があつた。實は天武天皇の十年卽ち皇紀一三四一年より二百六十七年前允恭天皇四年に於て旣に系譜を修飾して帝皇の裔とか或は天降れりとか僞り稱へる者が多かつた事が記してある。それで天皇は詔して曰はく。

「群卿《まへつきみたち》百寮《もものつかさ》及諸國造等《くにぐにのみやつこら》皆各言さく、或は帝皇《すめらみこと》の裔《みこはな》、或は異しくして天降《あまくだ》れりと。然れども三才顯分《みつのみちわか》れてより以來、多く萬歳《とし》を歷たり。是を以て一氏《ひとつのうぢ》蕃息《うまは》りて、更に萬姓と爲れり。其實を知り難し。故れ諸氏姓《もろもろのうぢかばね》の人等、沐浴《ゆかはあ》み齋戒《きよまは》りて、各盟神探湯《くかたち》爲《せ》よと、卽ち味橿丘《あまかしをか》の辭禍戸碑《ことまがとのさき》に探湯瓮《くかへ》を座て、諸人を引きて赴かしめて曰く、實《じつ》を得ば則ち全《また》く、實を得ざる者は必ず害れなむと。是に於て諸人各木綿手繦《ゆふたすき》を着《つ》ける釜《かま》に赴きて探湯《くかたち》す。卽ち實を得たる者は自らに全く實を得ざる者は皆傷れぬ。是を以て、故に詐る者は愕きて豫め退きて進むことなし是より後氏姓自ら定りて、更に詐る人無し。」

自分を由緖あるものと僞稱し、或は皇別、神別の氏、姓であるなどと稱ふる者を允恭天皇は盟神《くが》探湯《たち》の法を用ひて之を試み給ふたので或る者は愕然として自ら改め、以後氏姓を僞稱する者はなきに至つたとある。けれどもそれから二百六十餘年後の天武天皇の時代に於て諸家に傳はる所の帝紀、本辭等に虚僞を加へるものが多く存在して居たとあるから矢張り僞にする所あつて故意に修飾を加へて眞實に離れた者があつたらうし、或は又必ずしも故意に修飾したと云ふのではなくとも、正實を誤つたものが多かつた。此所に於て、邦家の經緯、王化の鴻基を据ふる爲、その僞を削り實を定め以て後葉に流へむと欲し給ふた。

(3) 稗田阿禮と太安萬侶

古事記の撰錄に關して稗田阿禮《ひえたのあれ》と太安萬侶《おほのやすまろ》とは切離して考ふることは出來ない程密接な關係がある。稗田阿禮なくして古事記なく、太安萬侶なくして古事記なし、二者孰れを缺くも今の古事記を見ることは出來なかつた。その間の事情は太安萬侶が古事記の序文に記して居る所を見れば明瞭である。卽ち

「和銅四年九月十八日を以て、臣安萬侶に詔して稗田阿禮が誦む所の勅語の舊辭を撰錄して以て獻上せしめたまへり。」とある如く彼は稗田阿禮が誦む所の勅語の舊辭を撰錄せよとの勅命を受けたので殆ど機械的に、言はゞ書記か代書人のやうに、阿禮が誦むところを筆錄したと考へる者もある。

此所に至つて當然起つて來る疑問は、稗田阿禮と、太安萬侶との教養の程度如何と云ふ事である。阿禮は當時存在して居た或る文書は一見して之を誦むことが出來たと其の學識、才能を太安萬侶自身が大に稱讃した程の人物である。それ程の學識、而もそれは彼が年僅かに二十八歳の青年時代に於ける事を言つてるのである。斯る學識をもつた者がどうして自ら筆を採つて之を撰錄する事が出來なかつたのであるか。或は彼が出來る筆を持つて居りながらそれを敢て爲さなかつたとすれば、それは何せであつたのであるか。斯る事は忠實なる研究者の當然起すべき疑問である。

又太安萬侶に就て言へば、彼が特に、元明天皇の勅命を奉じて古事記を撰錄したのに全然稗田阿禮が誦む所に據つたものとすれば、安萬侶の學と識とを必要とする理由が殆どわからなくなる。又稗田阿禮が誦む所が、既に我等が手にする古事記として殘されて居るやうなものであつたとすれば何せ稗田阿禮自身がそれを撰錄しなかつたのであるか。彼は誦むことは出來たけれども、書くことが出來なかつた、一種の暗誦者に過ぎなかつたのであるか。世の古事記研究者中には往々彼を單なる暗記者に過ぎないと見る者もある。然し古事記の序文には明かに彼は帝紀及び本辭を一見して誦み得たとあるので決して文盲者でなかつた事は疑ふの余地がない。

斯くて考へて來ると彼が若年なるにも拘はらず、碩學太安萬侶を凌ぐ程の學識を有して居たのは所謂る神代文字によつて記されたる文献を讀破する上に於て誰よりも優れて居た事を意味するものである。この點に於ては流石の碩學安萬侶も阿禮に聽從するの外はなかつた。或者は安萬侶が阿禮の誦む所の勅語の舊辭とある、その勅語に重點を置き、阿禮は　天武天皇の勅語し給ふた所をその儘暗誦したので安萬侶は自己の意見をもつて取捨撰擇をなす事が出來ず、「謹みて詔旨《せいし》に隨《したが》ひ、子細《しさい》に採《さ》り撫《ひろ》ひぬ」とある通りに委細の事をその儘に撰錄したのであると解して居る。以上指摘した諸點について神代文字を考慮する必要がある。

古事記を撰錄する理由は何であつたかと云ふことは撰錄者たる太安萬侶が古事記の序文中に明記して居る所で前項に引照した通りである。更に之を便宜上假字交り文に書き記せば

「是《こゝ》に天皇《すめらみこと》詔《みことのり》したまはく、朕聞《ちんき》く、諸家《しよけ》の賷たる所の帝紀《ていき》及び本辭《ほんし》は、既に正實《しやうじつ》に違《たが》ひ、多く虛僞《きよぎ》を加ふと、今の時に當つて其の失《しつ》を改《あらた》めずば、未だ幾《いく》ばくの年を經《へ》ずして、其の旨滅《むねほろ》びなむとす。斯れ乃ち邦家《はうか》の經緯《けいゐ》、王化《わうくわ》の鴻基《こうき》なり。故《か》れ惟《こ》れ帝紀《ていき》を撰錄《せんろく》し、舊辭《きうじ》を討覈《さうかく》して僞を削《けつ》り、實《じつ》を定め、後世に流《つた》へむと欲すとのたまふ。時に舍人《こねり》あり、姓は稗田《ひえた》、名は阿禮《あれ》、年は是れ廿八、人と爲り聰明《そうめい》にして、目《め》に度《わた》れば口《くち》に誦《よ》み、耳《みゝ》に拂《ふ》るれば心《こゝろ》に勒《しる》す。卽ち阿禮《あれ》に勅語《ちよくご》して、帝皇《ていくわう》の日繼《ひつぎ》及び先代《せんだい》の舊辭《きうじ》を誦《よ》み習《なら》はしめたまひぬ。」

茲に天皇とあるのは天武天皇を申上げたので、皇紀一三三三年より一三四六年まで十四年間在位ましましたのである。御在位第十年に川嶋皇子を始め多數有力者を特に御撰任になつて帝紀及ひ上古の諸事を撰錄せしめられた。之とはどんな關係にあるか明瞭でないが、天皇は別に稗田阿禮を擧用し給ふたのである。天皇が阿禮を擧用せられた理由は專ら彼の人と爲か聰明であつた事によることではあるが、又一面に於ては彼が猿女君氏の出であつたと云ふ事も一つの理由であつたと想像されるのである。

彼は男であつたか、女であつたかと云ふ點、又　元明天皇の朝に於て存命して居たが、それとも故人となつて居たのであるかと云ふ事も疑問とされて居る。彼が男であつて、太安萬侶が古事記を撰錄した時生存して居たと云ふ見方に傾いて居る者が多い。然し彼が猿女の出であること、猿女は多くの御巫と共に大嘗祭に於ける前行といふ晴の儀式に必ず奉仕すべき任務を有してゐた事などを思ひ合はすと、或は女であつたと見るのが適當ではないか。或る歷史家は阿禮を女と見て次の如く言つてゐる。

「宮中の古事を口碑傳說の間に保つ女官」と。又彼が元明朝に於ては既に故人となつて居たと云ふ立前から「此朝に至りて太安萬侶は天武の時の稗田の阿禮の遺書によつて新に古事記を作り」

と述べた。
阿禮が男性か女性か、又　元明朝に於て太安萬侶が古事記を撰錄する事業に直接關係したのであるか、それともその時は既に故人となつてゐたのであるか、此等は多少興味をそゝる問題ではあるけれども、暫く之を不問に附し、當面の問題たる阿禮が誦みたる文字は如何なる文字であつたか、天武天皇が阿禮に勅語し給ふたと云ふのは如何に解すべきか。此等の解釋如何によつて古事記の撰錄に資した文献が漢字であつたか、又は神代文字であつたかを推定することが出來るのである。

古事記を撰錄する理由の一つは當時存在して居た幾多の文献が正僞混淆して居たので、其の僞を削り實を定むる必要があつたからである。そこで問題は當時存在した文献に用ひられた文字が何であつたか、漢字をもつて書き記されたものであつたのであるか、若しさうであつたなら撰錄者たる太安萬侶の如き當時隨一の碩學が之を誦み得ない筈はない。必ずしも稗田阿禮が誦む所に據る必要はない筈である。或は曰ふ阿禮が誦む所は單に阿禮が學識をもつて誦んで居るのでなく、天武天皇の勅語し給ふた儘を誦んで居るのであるから、例へ太安萬侶の如き學者と雖もそれを無視するが如き事は出來なかつたのである。此の點を特に强調して古事記の勅語性を主張する者も起つてゐる。然らば「阿禮に勅語して」とか「稗田阿禮が誦む所の勅語の舊辭」と云ふ場合に用ひられた「勅語」の意味はどう解すべきであるか、本居宣長は古事記傳のなかに、「阿禮に勅語して」とあるのは「天皇の大御口づから詔ひ屬《つく》るなり、有司をして傳へ宣しめ、又は書にかけるなどをも、たゞ勅とはいへども、そは勅語とはいはず。」と解釋して居るが後の「勅語の舊辭」とある場合の勅語の條では

「又此にしもかく勅語のとあるを以て思へばもと此の勅語は、唯々此の事を詔ひ屬しのみにはあらずと、彼の天皇（天武）の大御口づから、此の舊辭を諷《よ》誦《み》座して、其を阿禮に聽取せしめて、諷誦座す大御言のまゝを誦うつし習はしめ賜へるのにもあるべし。若し然らずば此處には殊に勅語のとことわるべきにあらねばなり。されど餘かの古書どもにも、勅語とはたゞ大御口づから詔ひつくるを云ふ例なれば、上には唯其の意に註しおきつなり。」と、之に對して倉野憲司氏は次の如く說いて居る。

「近來の學者の多くは宣長の後說に據つて、天武天皇が阿禮に口授し給ふ意と說いてゐるが、それは勅語の「語」の字に捉れ過ぎた見解ではあるまいか。一體支那でも日本でも古い時代の文献に

は、「勅」の用例は無數にあるが、勅語と云ふ熟字の用例は甚だ稀である。寡聞にして纔かに拾ひ得たるものは、唐の梓州の司馬、孟献忠が玄宗の開元六年四月に勅した金剛磐若經集驗記の中に

勅語清虚阿師祈請。

勅語其僧放阿師出外祈請。

と云ふ二例に過ぎない。而して右の二例は共に天子親ら直接僧に仰せられるといふ意味の語であつて、天子の口授などゝ云ふ意味は少しもない。從つて記序の「勅語」も天皇親ら阿禮に直接宣り給ふ意の語と見るのが穩當であつて、これを以て　天皇が或書の訓み方又親删の帝紀舊辭を阿禮に口授し給ふ意とするのは、やゝ出過ぎた主觀的な見解であつて承服し難い。この意味に於て宣長の前説は首肯されるのである。」と云つてゐる。

「勅語」の意味を斯く解すれば古事記の勅語性などゝ云ふ事は適當とは思はれない。のみならず阿禮が誦む所は太安萬侶の容易に讀み難しとなした所ではなかつたか。卽ち彼が讀んだものは漢字で記したものでなく、神代文字で記したものであつたと察せられるのである。神代文字卽ち日文字《ひふみ》であつたかも知れないのである。此の點に關しては更に天武天皇が修史の事について多大の御關心を有せられた事や、特に天皇大極殿に出御ましまして川島皇子、忍壁皇子その他王等に詔して帝紀

及び上古の諸事を記し定めしめたまふた。一方に於て斯る重要なる修史の機構が定められたのにも拘はらず、多分それと同じ頃と思はれるが一舍人に過ぎない稗田阿禮が勅語を拜して帝皇日繼、先代舊辭とを誦むに至つたと云ふ事は阿禮その人が特種の學識才能を有した事を認めないでは以上の事柄を解することは困難である。更にそれより三十年の後（天武天皇十年より元明天皇和銅四年まで三十年間）太安萬侶が撰錄する時に際して毫も川島皇子、忍壁皇子その他の顯官、學者たちによつて組織された修史の事が何等の影響を與へて居らないのは注意を要する。

(4)　稗田阿禮が誦んだ文字

前述したやうに稗田阿禮が誦んだものは漢字で書いたものでなく、我が國固有の文字で書いたものであつたと思はれる。その固有文字を神代文字と呼びなして居る。斯く考ふるに就ては理由がある。左に弘仁私記を引照して參考としたい。

日本紀弘仁初度私記云。飛鳥岡本宮朝《あすかのをかもとのみやのみかど》（皇極帝）皇太子大好二漢風一而訖。難波長柄宮《なにはのなからのみや》（孝德帝）後岡本宮朝《のちのをかもとのみやのみかど》（齊明帝）近江大津宮（天智帝）四代之間。文人學士各競而帝紀、國紀、及諸家記。氏々系譜等以二漢字一漫飜二譯之一。加二私意一。誣レ人。殆欲レ絕二先代舊辭本意一。於レ是淨見原天皇《きよみはらのすめらみこと》（天武

帝）愁レ滅ニ其正實一更勅ニ語舊辭一。而欲レ傳ニ于後葉一矣。雖レ然譯文横流史面全不レ能レ鐍《あきらかに》レ之。」

第三十五代女帝皇極天皇の治世は皇紀一三〇二年より一三〇四年で、更に第三十七代齊明天皇として重祚し給ひ一三一五年より一三二一年に至る間御在位。その中間卽ち第三十六代孝德天皇は皇極天皇の同母弟にまします。第三十四代舒明天皇崩御せらるゝや皇后、帝位に卽き飛鳥淸見原宮に在し給ふたのが皇極天皇であらせられるのである。弘仁私記に云ふ皇太子とは葛城の皇子で又中大兄皇子とも申す。後に御母齊明天皇筑前朝倉宮に於て崩御遊ばさるゝや帝位に上り天智天皇として一三二一年より一三三一年崩御の時まで在位し給ふた。中大兄皇子は御母皇極天皇の御代より太子として朝政を匡輔し給ふた。

中大兄皇子は御母皇極、齊明の兩朝、叔父孝德の朝に太子として朝政を匡輔し次で帝位に卽き十一年間親しく朝政を攝はし給ふた。其の間に大化の革新が斷行され神武創業以來の一大變革を成就し給ひ更に大陸文明に熱心して我が國固有の文化を大陸文化に置き替んと試み給ふたのであつた。從つて文人學士各競ふて帝紀、國記、及び諸家記、氏々系譜を漢字に飜譯せんとする者起り、譯するに當つて私意を加へて原文を歪曲するの弊生じ、人を誣ひ、遂には先代舊事の本意を喪失せしむるに至らむとするの危殆に瀕したのである。

茲に注意すべきは「帝紀、國記、及び諸家記、氏々系譜等を漢字に飜譯」する事である。漢字に譯せられた原文はそも〳〵何字をもつて記されたものであつたか。之を明かにする必要がある。此の時代には未だ片假名もなければ平假名もなかつたのである。片假名は大化の改新より約百三十年後に至つて存在を認めらるゝことゝなり、平假名はそれよりも更に約五十年も後れて居るのである。然らば中大兄皇子の時代に行はれた文字は如何なる文字であつたか。漢字にあらず、片假名にあらず、平假名にあらず、無論所謂る萬葉假名でもなかつたとすれば、我が國固有の文字、卽ち神代文字であつたと推定せざるを得ないのである。若し神代文字にして現に存在しなければ止む。然るに宮內省圖書寮、を始め神宮皇學館、大學圖書館、上野圖書館、その他各學校、圖書館、官幣社、國幣社、府縣社、鄕社、村社、無格社等至る所に神代文字の存在するを見るのである。更にその他の團體や個人の藏する神代文字の文献に至つては到底之を詳にすることの出來ない程多數に及ぶことは今や疑ふ餘地がない。

天智天皇志賀宮に崩じ給ふや長子大友皇子帝位に卽く、之を弘文天皇と申す。博學多通にして文武の材幹あり頴敏明德能く人を懷つけ雅愛博古筆を下だして章を爲し、言を出して文を爲す。嘗つて內宴に詩を献じて曰く、

皇明光二日月一　　帝徳載二天地一

三才并泰昌　　萬國表二臣義一

と此れ我國詩賦の始めと云ふことである。斯る顯敏明德文武の材幹を兼備し給ひしにも拘はらず、在位僅かに八ヶ月に過ぎなかつたので父帝の遺業を繼ぎ給ふことも出來なかつた。玆に於てか弘文天皇のあとをつひで位に卽き給ふた天武天皇は天智天皇の御弟として御兄天智天皇が成就なし給はなかつた事業卽ち先代舊事の本意を後葉に傳ふべきことを繼承なし給ふたのであつた。天武天皇は初め大海人《おほあまの》皇子と申し、生れて衆に勝れ、壯年に及ぶや雄拔神武、天文の事や遁甲の術にも通じて居たまうた。

卽位十年の春三月、帝紀、及び上古の諸事を記さしむるため天皇、大極殿に出御して川島皇子以下に詔らせ給ふたことは前記の通りである。更に翌十一年春三月には境部連石積等に命じて肇めて新字一部四十四卷を造らしめ給ふたのである。彼等が造つた四十四卷の新字は亡びて今は傳はらないから之を明かにする事は出來ないが、彼は白雉四年巨勢藥水等と支那に行き留學した事があるので、玆に云ふ新字は凪《なぎ》、辻《つじ》、扨《さて》、聢《しかさ》、屬《さくわん》、等がそれであると云ひ傳へられて居る。然し和製漢字四十四卷を造るとは俄かに信ずることは出來ない。

天武天皇は川島皇子以下十二名の歴史編纂官の外に一青年舎人稗田阿禮に勅語して帝皇の日繼及び先代の舊辭を誦み習はしめたまうたか「帝紀の撰錄」「舊辭の討覈」が行はれないうちに天皇は寶壽六十五歳にして崩御なし給ふてこの一大修史事業も中途にして挫折して了つた。

天皇崩御し給ふや皇后位に卽き朝政を攝せらるゝに至つた。卽ち持統天皇である。持統天皇は天智天皇の第二皇女、位に居たまうこと十年にして位を天武天皇の皇孫輕皇子に讓られた。卽ち文武天皇で、草壁皇子の御子である。在位十一年、寶壽二十五にして崩御し給ふた。次に皇位を繼承なし給ふたのは文武天皇の御母天智天皇の第四女、持統天皇の御妹に當らせらるゝ元明天皇である。天皇の卽位四年卽ち和銅四年に至つて太安萬侶に詔して稗田阿禮が誦む所の勅語の舊辭を撰錄して以て献上せしめたまうたのである。天武天皇が修史の事を開始し給ふてから正に三十年である。其の間どれだけの準備、調査が出來たものか之を知ることは出來ない。只稗田阿禮が太安萬侶の古事記撰錄に多大の貢献を奏した事が明記してあるのみである。

天武天皇の十年に帝紀を撰錄せしむるため編纂官を設けられて以來、元明天皇の五年正月太安萬侶が古事記三卷を献上せし時に至るまで、天武、持統、文武、元明の四朝三十年間修史の事業は停頓して捗々しき進捗を見なかつた。されぱと云つて、天武天皇は御親ら命じ給ふた川島皇子以下十二名の修史の皇子、王たちを無視して、極めて小身であり、且つ若年なる稗田阿禮一人を信頼し給ふて御自ら舊辭を口述して之を暗記せしめ、後日の備をなし給ふたと考ふる事は甚だ不自然であり理解に苦む所である。「勅語舊辭」とは天皇親ら阿禮に直接宣り給ふた意に解すべきであつて、天皇が或書の訓み方、又親删の帝紀、舊辭を阿禮に口授し給ふたものでない事は最早疑ふことは出來ない。若も假りにさうであつたとすれば太安萬侶が勅語の舊辭を撰錄することは甚だしき僭越の行爲で不敬の罪を免れない事となるのである。

要するに太安萬侶は稗田阿禮が訓んだ神代文字を解する事が出來なかつたので阿禮の訓んだ所を唯一の資料として之を漢字に書き記したものである。漢字に飜譯するに當つて適當なる譯字を見出さゞるものは音をもつて之を書き記したのである。古事記の文を見れば明に之を知る事が出來る。太安萬侶はこの點に就ても序文中に述べて居る。卽ち

「上古の時は、言意並に朴にして、文を敷き、句を構ふること、字に於ては卽ち難し。已に訓に因りて述べたるは、詞心に逮ばず、全く音を以て連ねたるは、事の趣更に長し。是を以て、今、或は一句の中に、音訓を交へ用ひ、或は一事の内に、全く訓を以て錄せり。」と彼が國語を漢字、漢文に飜譯する事の容易ならざるを述懷せるものと云ふべきである。

以上は古事記の撰錄が稗田阿禮が暗誦した所を太安萬侶が筆記したもの丶如く解する事の不自然で甚だ矛盾多き事を明かにしたのであるが、更に日本紀の事に就て述べることにしたい。

(5) 假名日本紀

日本紀は元正天皇の養老四年に舍人親王が上つたものである。その執筆者中には太安萬侶、紀清人が加はつて居た。然し此等の撰錄者は何時勅命を蒙つてこの修史の業に着手したのであるかは明白ではない。日本紀中に弘文天皇の事を全然記載せず、天智天皇から直ちに天武天皇とし、その間に弘文天皇を缺いでゐるのは舍人親王が天武天皇の皇子であり弘文天皇が大友皇子であらせられた時、大海人皇子との經緯があるので舍人親王は父大海人皇子卽ち天武天皇のために隱蔽されたものであらうと云ふ事である。そんな事をもつて推察すれば日本紀の撰錄には舍人親王の修史方針が主流をなして居ることを思はざるを得ない。

日本紀を能く理解する爲に如何なる參考書をもつてすべきか、此點に關し釋日本紀は次の如き質疑應答を述べて居る。これによると漢文の日本紀が撰錄された時よりも前に假名日本紀が編纂されたものであつたことが察せられるのである。同書の開題に於て問を發して曰く、

「此の書を考へ讀むため何の書を以て其の調度に備ふべきであるか。」と此所に云ふ「此の書」とは日本書紀の事である。

答。「師説先代舊事本紀、上宮記、古事記、大倭本紀、假名日本紀等是也。」と。

之に對して更に問を發して曰く、

「假名日本紀は何人の作る所ぞや。又此の書先後如何ん。」と

答。「師説元慶の説に云ふ此の書を讀んが爲に私に註出する所なり。作者未だ詳ならず。」

又問。「假名本は元來《もと》より在るべし。その假名を嫌が爲に、養老年中に更に此の書を撰ぶ。然る時は則ち此の書を讀んが爲に也《また》私に記すと謂ふ可らず。」

答。「疑ふ所理あり。たゞ未だその作者を見ざるなり。」云々

「今按ずるに假名本は世に二部有る。其の一部は和漢の字相ひ雑へて之を用ひ、其の一部は專ら假名、倭言の類を用ひて居る。上宮記の假名は已に舊事本紀の前にあつた。古事記の假名も亦此の書（日本書紀）の前にあつた。假名の本は此の書の前にあつたと謂ふべきである。或書に云ふ養老四年安萬侶等をして日本紀を撰み飡さしむ。之の時古語、假名の書數十家有りしと雖も勅語をもつて先と爲す。然る時は則假名の本は此の前にたつたことは確である。」と

以上の問答によつて明かなる如く漢字をもつて書き記されたる日本紀が撰錄された以前に假名をもつて書き記された日本紀があつたとすれば、その假名は如何なる字體であつたか。前にも述べた通り、その時は未だ片假名も、平假名も使用されて居なかつたのであるから、それら以外の假名であらねばならぬのである。その當時既に古語、假名の書が數十家あつたと云ふ事である。その假名は我が國獨特のものたる固有文字卽ち神代文字であつたと結論せざるを得ないのである。

釋日本紀の問答は尙續いて居る。その假名が如何なるものであるかを突留めるため更に一問一答を交換して居る。

「又問ふ、假名の起りは何れの世に在るべきか。」と

答。「大藏省の御書の中に肥人《ひのくにのひと》の字《な》六七枚許有り、先帝御書所に於て其の字を寫さしめ給ふ。皆假名を用ふ。或ものは其の字未だ明かならず、或は乃、ル、等の字は明かに之を見ることが出來る。彼をもつて始と爲す可きものではあるまいか。」と

(6) 提　要

今や此等の文字が單に一二の斷片に止まらず、日文字《ひふみ》全體が前述した如く、官、國幣社、各大學、

各圖書館、その他に於て極めて多量に見らるゝに至つたのである。或る期間に於ては斯る固有文字を全部廢棄して了つて、之に替ゆるに漢字をもつてすべき事を權力をもつて强制したものゝ如くである。燒失、沒收等を惧れて深く之を隱蔽したものも尠くなかつた。皇極天皇四年（皇紀一三〇五年）蘇我蝦夷等誅《ころ》さるゝに臨みて、悉く天皇記、國記珍寶を燒いた。それらの事情から、之を隱蔽する風今尙ほ去らず、某神社の如き多くの神代文字をもつて書き記された文献を秘藏するも表面に於ては神代文字など一つもなしと云つて居る。又以前は存在したけれども現在に於ては喪失して了つて一つも剩す所がないを云ふものもある。それら部分的の問題は全體の結論をなす上に於て別段影響する所はないのである。神代文字と稱せらるゝ文字が我が國に現存すると云ふ事實は誰も之を否定する事は出來ないのである。

　この神代文字は稗田阿禮が容易に誦み得た所であるが太安萬侶は之を誦み得なかつたものと思はれる。彼は阿禮が誦んで自ら當時用ひられた漢字によつて備忘のため書き記したるものを參考して修史撰錄の大業を完成したものではなかつたか。日本紀すら假名をもつて撰錄されたものがあつたのをもつて見れば、その當時は尙ほ神代文字の假名によつて記された文献が殘存して居たに相違なのである。本朝書籍目錄中最も權威あるものは冷泉大納言爲富卿の編纂せる書籍目錄である。その書籍目錄中に「肥人ノ書」及び「薩人ノ書」と云ふのが明記してある。共に神代文字の書であつて一は楷書、一は草書である。

世の學者往々文字の存在は應神天皇の御代に於て論語、千字文の渡來以後であると誤認したり、假名は吉備眞備や、弘法大師が案出したものと盲信したりする者が尠くない。こんな間違つた考を有つて居る人々を先づ第一に啓蒙する事が急務かと思はれるが、それにもまして遺憾な事は我が祖先の智能程度を極度に低下して考ふる者の多い事である。彼等に從へば我等の祖先は長い間、殊に神武天皇御卽位後約千年に及ぶ迄何等の文化的發明もなし得なかつた。文盲人種であつたと斷定することになる。彼等は出土品たる土器とか石器に文字がないから我等の祖先は文字を知らなかつたと斷定するのである。實に思はざるの甚だしきものである。現に上述する如く澤山の文化的遺產が我等の周圍に嚴存して居る。此の事實は我等の祖先が甚だ優秀なる人種であつた事を雄辯に物語つて居るではないか。何日までも外人の言ふ事のみを眞理と考ふるが如きことは現實に自覺する我等日本民族のとらざる所である。

第四章　古體假名と神代文字

(1)　古　體　假　名

我が國固有の文字が片假名、平假名と稱せらるゝ假名の出來た以前に於て存在した事は前述した所によつて明かである。その文字も單に一つの種類に止まらず、可なり多くの種類が通用してゐたので、今日殘存する神代文字も從つて單一ではない。それらの文字が漸次漢字に置き替えられ、又一面には片假名となるに至つたのである。釋日本紀に用ひられた假名は恰もその過渡期に見るが如き混交を思はしめるものがある。

國史大系のうちに編まれたる釋日本紀の凡例中に編者たる黑板勝美博士は著者卜部兼方（懷賢とも書く）が使用したる古體假名をその儘に殘し置いたるため左の用例を示して居る。

左の括孤內に示したのは現行の假名文字で、その上邊にあるのは釋日本紀に用ひた假名で、括孤內の假名に相當するものである。

古體假名と現行假名の對照斯くの如し、その他類推すべし。と云つてゐる。

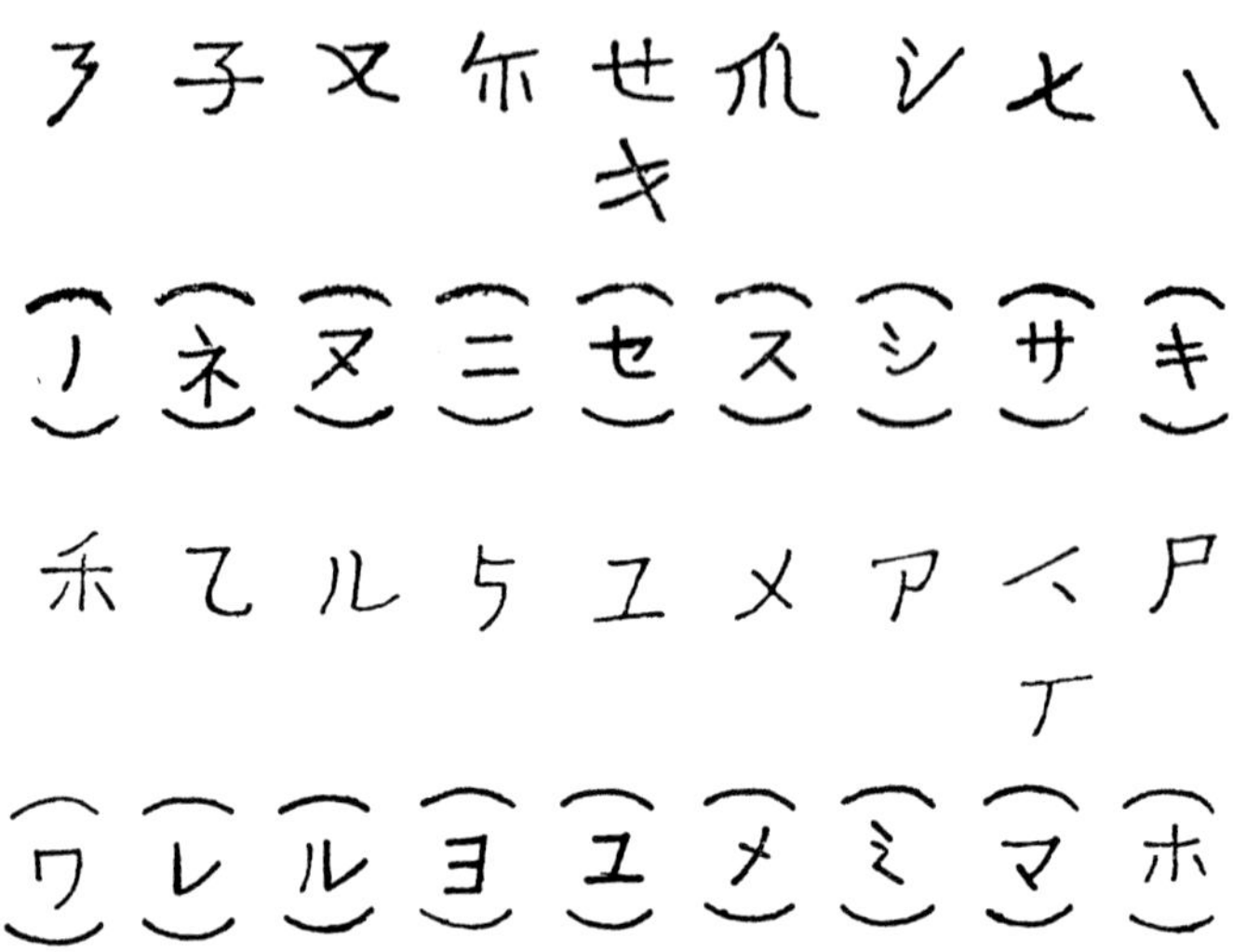

卜部兼方は何年頃の人であるか明かにすることは出來ないが、後嵯峨天皇が後深草天皇の時代と思はれる。皇紀千九百三年から千九百十九年頃となるので、片假名の作者と稱せらるゝ吉備眞備が死んだ千四百三十五年に遲るゝ事約五百年である。片假名が創作されて以來既に五百年も經過したと思はるゝ時代に於て上記のやうな古體の假名が殘存し、釋日本紀に之が使用さるゝのみならず日本紀私記中にも之を使用してある。例へば

「日本書紀卷第一」を何と訓むべきかに就てその訓み方を假名で次のやうに記してある。

ヤマ。トノフミ。ノマ。キノツ。イチヒトマ。キニアタルマ。キ

之は「やまとのふみのまきのついてひとまきにあた

るまき」と云ふ事である。次に

問。巻第一並三箇字於〻キノ厂イヂヒト〻キニアタル厂キ止讀之。少ﾚ字多ﾚ詞。若厂キノ〻イチヒト〻止讀如何。

八（八）　井（井）

ア（ヘ）　ﾅ（ラ）

之を譯すれば

問、巻第一と云ふ三字をマキノツイデヒトマキニアタルマキと讀む。字を少くし詞を多くする爲に若し「まきのついでひとつ」と讀んだら、どうかと云ふ意である。

以上に於て見る如く現今使用さるゝ片假名と異つた假名が混用されてゐる。此等の假名は片假名より後に作られたものであるかと云ふにさうではない。反つて片假名より前に用ひられたものが、片假名が一般に通用さるゝに至つた後まで一部の人たちによつて慣用されたものである。

「好古日錄未」には次の如く述べてある。

片假名、何の時より今の字に定りしや、字體まぎらはしからず。古體は

ヲ イ伊　ヲ ホ保　禾 ワ和　5 ヨ與　示 レ禮　ネ 子禰　レ ム无　乃 ノ乃　＼ 幾キ

チ テ天　P ミ身　尸 ミ民　七 サ左　し ヒ比　爪 ス爪

の類、昔人用る所往々此の如し。然に示《レ》ネ《ネ》同字を用ひ、又禾《ワ》の字形も似たり。P《ミ》アに混じレ《ム》、し《ト》、レに混ず。因りて云、古昔書籍の訓點の如き諸家の點圖にまじふるに、此の如き假名を用ひて各自讀法あり故に讀易き書も輙くよみがたし。但此を迂遠なりとて、概して棄る者は、去㆓告朔の餼羊㆒也。又古を慕て、是非此を用んとするは、生㆓乎今之世㆒、反㆓古之道㆒と云ふべし」と

前二者を比較すれば一に有るものにして他に無きものもあるが、それは暫く措き、全然異つた訓み方をしたものがある。

釋日本紀に於ては尸をホと訓み、

好古日錄に於ては尸をミと訓んで居る。

又釋日本紀ではレを乙と記すのに好古日錄ではレを示と記すことになつて居る。

大言海も亦古き片假名を擧げて

「ワ」ホ　「\」キ　「P」ミ　などを例示し、此等を漢字の扁を取つたものと說明して居る。

斯る古體假名が創作されたのは如何なる順序、經過をたどつたものであるかと云ふに大言海は速記の方法として漢字を抄物書《せうもつかき》にしたのであると說いて居る。例へば「村を寸、岐を支、牛飼《うしかひ》を牛甘。持統紀八年五月に「正月上弦」を上玄、天治字鏡六に鐵落を金洛など省き記せるに起り、遂に菩薩

を「ササ」綠覺を「ヨヨ」と其の一片を取りて速記の用としたるなり。」と云ふのである。神代文字の存在を認めざる者としては斯かる説明は止を得ない。然し之を巨細に點檢すれば古體假名は神代文字たることは明かである。試に前掲の四字に就てその由來する所を説明しやう。

「ヽ」之をマと訓む。この字は象形文字のマである。「○」が變じて「ヽ」となつたものである。

「P」之をミと訓む。この字は神代文字の草體である「ら」が轉訛したものである。

「チ」之をテと訓む。この形は現今に於てチと訓むのであるかテと訓むには轉訛したあとをたづぬると解る。神代文字の象形文字に於けるテは「☆」で、之が轉じて「丫」となり更に變じたものが「チ」である。斯る經過を考へると「チ」がタ行のチにあらずして「テ」たることを知ることが出來るのである。

(2)　釋紀秘訓の假名（象形文字、麻邇字）

「つ」は之をツと訓む。この字も亦象形文字から轉訛したものである。象形文字のツは「☰」である。之が神代文字の草體には「ア」となつて居る。書紀私記中に用ひられた「つ」は「☰」が簡短化されたるのか又は「ア」が簡易化されたものである。

鶴峯戊申は嘉永元年「嘉永刪定神代文字考」を著はして阿奈以知《アナイチ》四十七字に就て述べ、釋紀秘訓中にその文字が使用されて居る實例を示して居る。阿奈以知は一名磨邇字《マニナ》とも云ふ。彼は夙に阿奈以知卽ち磨邇字の考證を爲し、此の神代文字を說いたのであるが、實證を握るに至らないで物足らなく思ひ居た所、釋日本紀の秘訓の片假字の中に磨邇字を雜用して居るのを見るや彼は多年の研究に畫龍點睛の思をなして此の神代文字考を公にしたのである。そのうちに彼が引證した所を見れば「秘訓」中に神代文字の混用されたる事は毫も疑ひがない。

「口閇」の傍訓を　クチツクヒテ　と有るは　　と有つたのを片假字に引直す時「ヒ」字ばかり取はづして適々遺れるもので、之は「ミ」とすべきである。口閇はクチツクミテと訓むべき事を示すのである。

「白鵠」の傍訓に　シロキツバヒ　とあるも前同様「ヒ」だけが改め漏れになつたもので「ミ」と訓むべきである。ハ行の「ヒ」にあらざる事勿論である。

百濟の僧の名「慧旅」の傍訓に「ヱヒ」と有てヒの傍に「P《ミ》」と注《しる》してある。此の「P」は前述釋日本紀中に遺れる古體假名の「ミ」であることは一見して明かに知られる。

又檜隈の傍訓を「ヒノクト」に作る。このトは夕行のトでなく神代文字の「マ」であるから「ヒノクマ」と訓むべきことを示す。

竹嶋を、タカシキに作つたのは、「タカシマ」のマを誤つたものである。マの神代文字はトである。阿奈以知には「キ」と云ふ字はない。

「畫二滄海一」を訓じて「アヲウナバラヲ、シホコヲロコロヲ尓カヒナシテ」。是古事記之說也。但舊說、只畫讀二カキナ瓜一とある。

「カヒ《ミ》ナシテ」の「ヒ《ミ》」は「ㄥ《キ》」字の誤であらう。即ち「カキナシテ」とあるべき所である。「曆博士等」の傍訓に「コユP○○ノハカセドモ」とある。「コユP」「コヨP《ミ》」の誤であらう。「橫河」にコ○クガハとある「コ」も「ヨ」の誤であると同じである。

「鳩集」の傍訓に「モトメフツメテ」とあるは「モトメアツメテ」の誤。

「脚帶」のワユヒは「フ《ア》ユヒ」の誤「フ」は「ア」字の阿奈伊知文字たることは後出の表によつて知られる通りである。

「隱郡《ホバリノコホリ》」「蠻所居《ヒマノヰドコロ》」の傍訓中上の「ホ」はセ《ナ》の誤、「ヽ」も「セ《メ》」の誤である。

「栗大軍《クロモトノイクサ》」の「ロ」はヰ《リ》で「クリモト」とあるべきある。

「大分君《ヤホキタテ》」の「テ」は「ㄐ《ノ》」の誤りでオホキタノキミである。

尚此の外にもあるが煩雜を避けて之を省略する事にした。以上の如く片假名の中にたま〳〵磨邇字の遺つたのは、もと神代文字たる磨邇字卽ち阿奈以知で書いてあつたものを片假名に引直ほす際上に引照したやうな磨邇字だけは取殘して元のまゝに書いたのを、後に至つてもその儘に書き傳へたものと思はれるのである。兎に角古書の中にヒ《ミ》、ト《マ》等の磨邇字が用ひられたる證據は明かである。

釋日本紀私記中に混用されたる古體假名の母體たる神代文字の起原は磨邇字卽ち阿奈以知に存するので、次に阿奈以知五十音圖を示すことゝした。之は便宜上五十音圖に示したが最初は「ヒフミ」順であつたのである。

前の五十音圖に示した「磨邇字《マニナ》」は「占《マニ》」に使用した字と云ふ意味である。而も、之を「阿奈以知《アナイチ》」と云つたのは「アナイチ」と稱する遊戯に用ひた圖形が太占《フトマニ》に用ひた驗體《しるしがた》と類似してゐる所から阿奈以知と云つたのである。このアナイチの圖形は又六行成《ムサシ》に似通ふてゐる所から、この文字を六行成文字《むさしもし》とも云ふのである。三才圖會に六行成の事を次のやうに說明してゐる。

「一種六行成なるものあり。碁子黑白各三の九舍を走る。九舍は如此なれば六行成に如此圖もありと見えたり。同士三つ相連るを勝とす。碁子黑白合せて六なれば之を六行成《ムサン》と云ふなるべし。」

以上によつて磨邇字《マニナ》は阿奈以知と云はれ、六行成とも呼ばるゝことが明かである。此の字源は六行成の圖と殆ど同様で次の如きものである。

磨邇字の字源

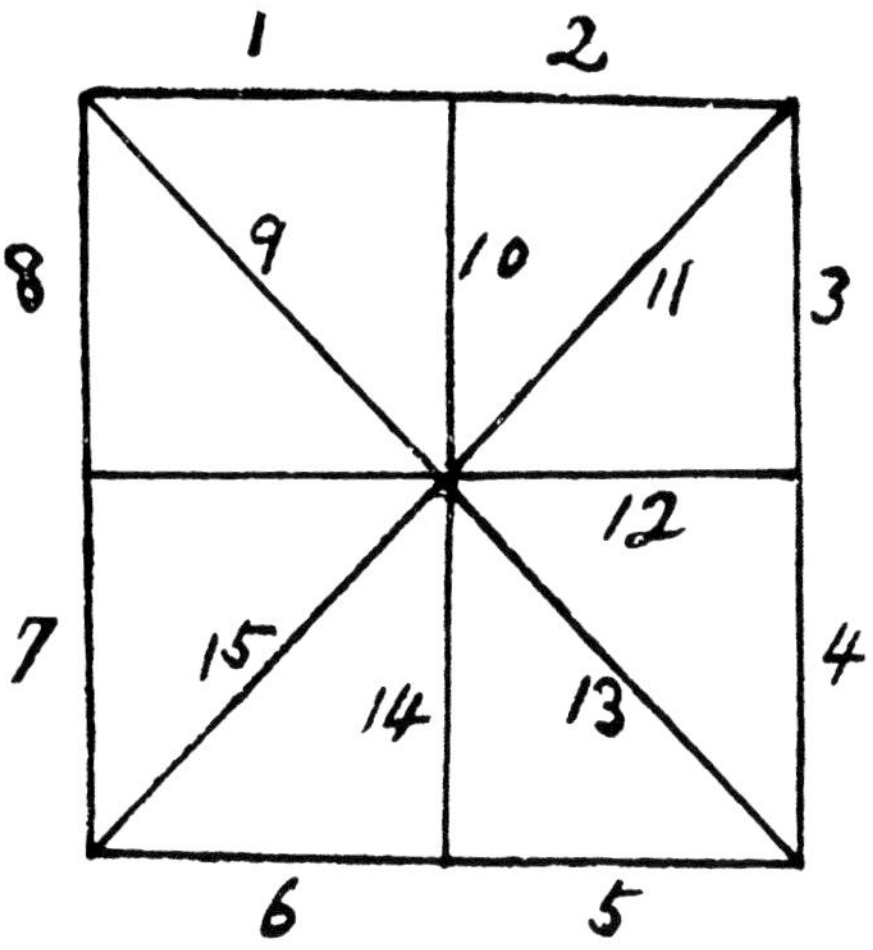

上掲圖中に附したる數字は五十音圖の父音に附したる數字と照合のため

磨邇字五十音圖

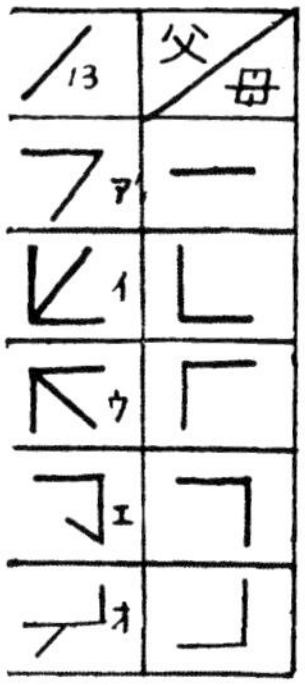

此の磨邇字《まにな》(阿奈以知)五十音圖は鶴峯戊申著嘉永删定神代文字考に據つたものである。彼は此の磨邇字に就て次如く説明して居る。之は「鐃速日命の天

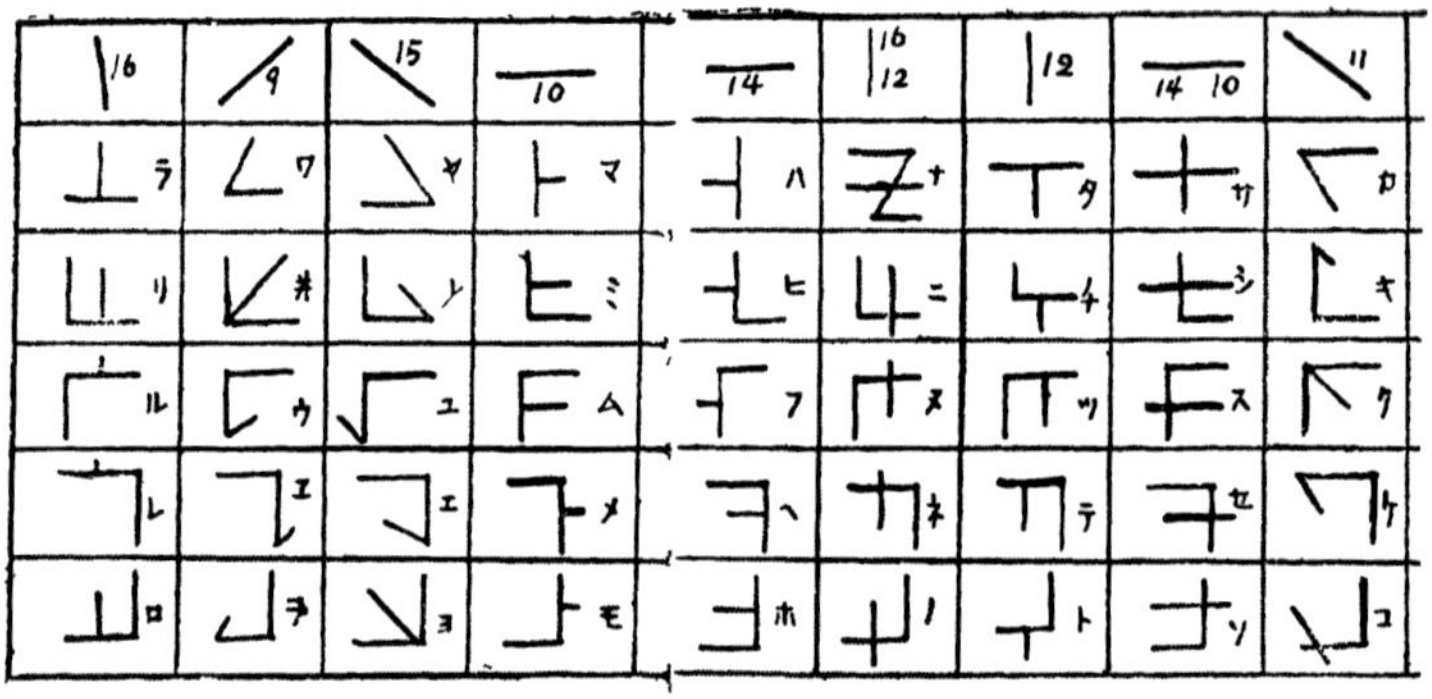

神より相承《さうじやう》し給へる處の神言にして天孫本紀及職員令集解《しきゐんりやうしつかい》に見えたり申戌《しげのぶ》其據有《よりごころある》を知て、向《さき》に鍥木文字考《けつぼくもんじかう》等の書を著はしつれども、いまだ其明證を得ずして世にあまねく弘むるにも及ばざりしが、こたび正しき明證を得たるが故に、今また此略述を作るは大方に質さんとてなり」と又「龜卜秘傳に據に其上下を天地とし其左右を日月とし其中央を人とす。さて隅より隅に斜に畫を設くれば四方《よも》四隅《よすみ》をなすなり、思金神を八意命と申し古事記に思金神に令思とあるは此の太古に緣る事と聞えたり」と

前記の表中「父音」の欄に記した數字は字源に附した數字と照合したもので說明の便宜上記したもので、磨邇字の字源に附した數字と一致せしむる爲である。

(3) 古體文字の起原

古體文字として文献に現存するものを示すため釋紀秘訓や日本紀私記を引照したが、此等に見ゆる古體假字は所謂る神代文字の一種であつて、其の起原は更に上代に溯らねばならないものである。我が國の神代文字として傳へらるゝものは一二に止らない。それらの一つ一つに就てはそれぞれ創作者及びその創作の時代等が言ひ傳へられて居るのもあるし又その起原、作者が明瞭になつて居ないものもある。且つ又ある種の神代文字は多く神社等に嚴存するに拘はらず、他の種類に至つては單に存在した事を證するに足る程度のものしかないのである。此等殘存する神代の文字中で最も著るしきは日文字《ヒフミ》である。日文字《ヒフミ》に眞と草との二種があつて、更に又此等の日文字《ヒフミ》を溯つてその發生の時に就て見れば象形文字に到達するのである。象形文字は之を繪くのに手數を要するから漸次之を簡易化するやうになつた。その過渡期に屬するものと見らるゝのが日向天岩戸神社の社寶として保存せらるゝ神代文字である。(一八一頁參照)

さて、此の日文字《ヒフミ》は一二三《ヒフミ》であつて、一種の秘義を有するものと言はれて居る。この「ヒフミ」には言靈《ことたま》が宿つて居るから不思議な力が現はれるものである。而も之は「神歌」であるから天之岩戸に隠れ給ふた、天照大神も此の歌を聞こしめし給ふや御自ら少しく天之岩戸をお開けになつたところを手力雄命が、この機會に大神をお迎え申したと云ふことである。此の「ひふみ」は鎮魂の法で天神から饒速日命に傳へ、饒速日命より宇摩志摩治命に傳へ、宇摩志摩治命より朝廷に傳はつたと云ふことである。

之に對して神代文字の研究に造詣深く且つ埃及學に於ては我が國に於ける屈指の人と稱せらるゝ某氏は次の如き見解を持して居られるのである。

ヒフミの神歌は最古代より存せし最尊最貴の太祝詞にして日本の神代、大震災以後其意義を全く忘却せしものと信ず。此神歌は古代埃及語、及び日本言靈の双方を十分研究して始めて理解し得るもので、其一方的研究にては斷じて正解し得ざるものであることは恰も五十音に就てと同一である。從つて今迄の解釋はまるで見當違である。ヒフミのうちに秘められたる眞意は次の如く解すべきである。

（一）ヒフミヨイ、ムナ、ヤコトモチロラネ、此の十五字の意味する所は、宇宙間の生物、森羅萬象は恩寵により生を享くるものなり就中、日の神の慈によること至大なり。
(二)　シキルユキツワヌソヲの十字
日の神は常に死、老、病の苦惱を去らしめ惡魔をして憑依する能はざらしめ(永遠の生々發展を計り給ふ)
(三)　タハクメカウオエニサの十字
陸の耕地は年毎に豐壤ならしめ、水の魚は日毎に獲物あらしめ給ふ。
(四)　リヘテノマスの六字
老若男女を問はず默々として悦ひて働き以て日の神の赤子をして相和し悉く餓ゆること無からしめよ。
(五)　アセエの三字
朝に出てゝは背に汗し、夕に歸りては妻を樂しみ、
(六)　ホレケの三字
常に熱烈に日の神の出現を禱り且つ拜せよ(戀慕せよ、が正譯なるも現代的誤解を避くるため意譯す)

此の解釋は從來の解釋に比し遙かに勝れたるものである。從來の解釋は「ヒフミ」の音に思ひ思ひの漢字を引當て、その漢字の意味を解釋したに過ぎないものである。舊事大成經に載せたるも亦その一例である。

然し此の解釋に就て先づ明にしたい事は我が國の文字の意味を正解するのに何せ外國の文字の意味を引照せねばならぬかと云ふ事である。我が國の神代文字が我が國に於て創作されたのでなく、埃及の象形文字によつて作られたと云ふのであれば、それは又問題は別であるが、埃及の文字が反つて我が國の文字の影響を受けたと云ふのなら、我が國獨特の解釋が出來べき筈ではないか。此の點が根本的の疑義である。

字解に就ても全然同意し兼ぬるものがある。卽ち前記の譯に從へば「リ」と云ふ文字の意味を「沈默」と解すとの事である。卽ち「リ」と云ふ文字の形が口を三つ重ね、それを一本の針をもつて刺し通して居る。と云ふのが「沈默」と譯する理由とされて居る。果してさうであるか疑なきを得ない。

リと云ふ象形文字は三つの脣を重ねて之を棒で一貫して居ると見ることも甚だ妙であるが、之は天地人を一貫して變ることがないと云ふ事を意味したものと見るのである。三つの脣を重ねた

ものと見てもその意味は沈默なりと云ふのでなく、變らないと云ふ事を示して居ると解するのである。すべて我が國語に於て「り」と斷言した場合は過去の決定詞として不變を意味して居る。

御民吾生ける驗あり天地の榮ゆる時に相へらく念へば

昔者こそ難波ゐなかと言はれけめ今は京《みやこ》と都《みやこ》びにけり

とある例によつても知らるゝ如く過去の意を云ふ助動詞としての「り」は決つた事即ち前の歌で言へば「生き甲斐があつた」とか「都びて來た」とか既に定まつて了つた意味を有つて居るので最早變らないと解すべきである。斯く解すれば前記（四）の項は「默々として」と云ふにあらずして、「悅んで働き日の神の赤子をして相和し悉く餓ゆること無からしめた」と云ふ意味に解せらるゝ事になるのである。ヒフミ神歌に就ては更に說く所があらうが玆には此の神歌が我が國の文字を產み出した最初の言靈であつたことを特に明かにしたい。

我が象形文字に就て考へらるゝ事はその象形の意味する所を明にして字義を知ると云ふ點である。試に「ヒフミ」の最初の象形文字を見れば、ヒは日をあらはして居る。フは何を意味して居るか之を明かにし難い。ミは身《ミ》を示し、ヨは夜《ヨ》を意味し、イは射で矢を射ることであり、ムは胸《ム》でヒネはを開いて居る有樣、之を母親が乳房をあらはすと見る者もある。ナは魚《ナ》である。之は侯及の象形文字も全然同様である。ヤは矢《ヤ》であるコは子《コ》がなかに籠つて居る有様を示して居る。トは戸《ト》である。此等を綜合してヒフミヨイムナヤコトは何と云ふ意味であると解するのが普通である。然るに石上神宮に秘藏せらるゝ十種の神寶はヒフミを象徴するものとして居る。卽ち

ヒは　おきつ鏡
フは　へつ鏡
ミは　八握の劒
ヨは　生玉
イは　足玉
ムは　死反玉（まかるかへしの玉）
ナは　道反玉（ちかへしの玉）
ヤは　蛇の比禮
コは　蜂の比禮
トは　品物比禮（くさぐさのものゝひれ）

要するにヒフミヨイムナヤコトの言葉は之によつて十種の神寶を意味して居る。十種の神寶の名

を一より十まで順次に稱へ、もつて言靈の不思議な秘力を體驗することが出來るのである。然るに人によつてはこの十種の神寶の名を一々稱へることが出來ない者もある。そんな人は神寶の名稱を一々となへる代りに單にヒフミヨイムナヤコトと所謂る日文《ヒフミ》字の言葉を「ト」まで稱へるだけで宜しいとされて居る。これ「ヒフミ」そのものに言靈があるからである。

「ト」までは右の如くして解することが出來たとしても「モチロ」以下「ホレケ」までを何と解くべきか、之に就ては未だ確かなる解釋の道がついて居ない。

第五章　日文字とその字源

(1) 文字は作り易し

文字には種類がある。單純な文字は、進步した文字に比べると甚だ幼稚で、之を文字と稱するに足らない位であるが、之を記して記憶に備へ、又は意思を他に傳へるに足る符號を文字と云ふことが出來れば、例へ單純なものであつても之を文字と云ふことが出來る。此の種の文字として陸奧に南部暦と稱するものがあり異體の數字や物體畫を挿入して無智の人民に月日を知らしめた。一に之を盲目暦と云つて居る。常陸國久慈郡安寺持方村は深谷の間にある僅か二十世帯の一小村で住民は質朴で世事に通じない者があつた。それで方圓、又は縱橫の線を用ひて數字を示し税金を誤ることのないやうにしたと云ふ事である。之を盲目帳と云つて居る。　〡　〢　〣

成形圖說に「田賦集と云ふ書を引きて古の田券《たぶみ》は一段を十に分つて其一二三等を

と記せり。〡は方六間の廣さなり、後世に及んで、〡を一畝《ひとせ》、

〢を二畝と號すると云ふとある。丨〢〣等は、神世數量の記號より起りしものなるべし。今の世に所謂る南部暦に十二月の記號を、

に作りまた日數の記號を

に作れるも、もとこれと同じく神世より傳はりし趣旨をたづねて知るべきなり。」とある。

斯る程度の文字ならば、日本民族にあらざる民族でも之を案出して使用する位の智慧は有つて居る。日本民族として文字を創作することが出來ないで數千年も無駄な月日を過ごしたとはどうしても考へられない。

(2) 日《ひ》文《ふ》字《み》の起原

神代文字と稱せらるゝもののうちには幾多の種類がある。それらのうち今日に至つても尚ほ最も多く保存されて居るのは日《ひ》文《ふ》字《み》をもつて随一とする。日《ひ》文《み》字《み》の起原は太占《ふとまに》の起原と關聯する所があるやうに思はれて居る。釋日本紀は此の點について左の如く説いてゐる。

「龜卜の術は神代から起つて居る。所謂る此の紀一書の説に陰陽二神蛭兒《ひるこ》を生《あれ》ます。天神太占《ふさまに》を以て之を卜ふ。乃ち時日を卜ひ定めて之を降したもう。文字無んは豈卜を成す可んや。」とあるやうに太占《ふさまに》に卜合《うらあへ》るには文字が必要である。文字あつて始めて太占が出來るのである。その太占が我が國神世の太古から行はれて居たのであるから、文字も亦上古から有つたものと考へられる譯である。

世に傳はる日文字は對馬國の卜部、阿比留中務に之を傳ふと云はれて居る。卜部阿比留家は天ノ思兼命より出たる家柄であるから、日文字が同家に傳はつたと云ふのは實に然るべき事である。けれども數十家あつた對馬の卜部家が徐々に絶えて今は殆どそのあとを尋ぬる事も出來なくなつた。

日文字

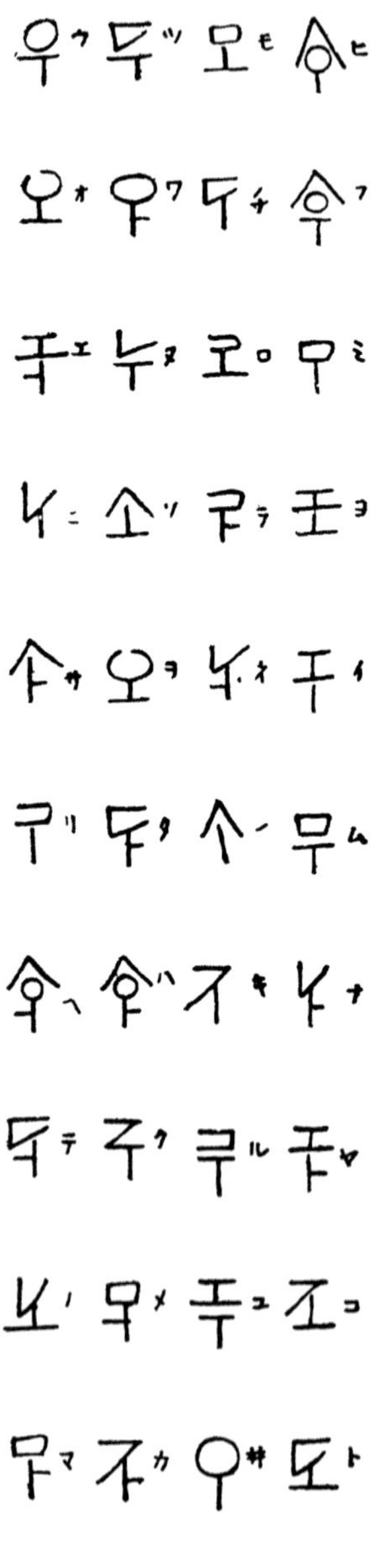

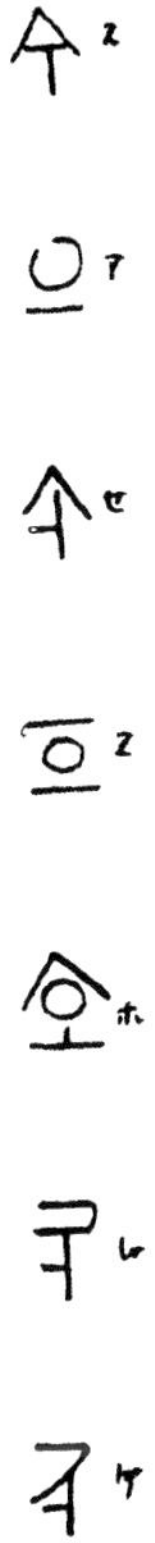

右神世ノ字ハ天ノ思兼ノ命ノ所レ撰《ロトル》云フ。對馬ノ國ノト部。阿比留《アヒル》中務傳レ之《フチ》〇一本ニ云ク。

右ノ同文者ハ。日ノ神勅《シテ》ニ思兼命ニ所レ製《ロヘ》也。

平田篤胤は之に就て次の如く言つてゐる。

「右の日文四十七字は、行文とあれど眞字と見ゆ、此を傳へたる阿比留《あひる》氏は、對馬ノ國ノト部と有ば、天ノ兒屋根ノ命の裔なること疑なし。故《かれ》この日文字を、傳來にけむは、實然《げに》も有るべき事なり。また此ノ字の作者のこと、一本に、天思兼ノ命とあるも、實然《げに》るべし。但し日ノ神ノ勅といふ事は、いかゞ有らむ知らず。さるは。天兒屋根ノ命。天ノ思兼ノ神は、同神ノ異名なる事。古史の徵と傳とに。辨べたる如くなるが。此文を、熟々に視れば。太兆《ふさまに》の驗形《しるしかた》を字原として。製れりと見ゆるに。その太兆《ふさまに》のト事は、ト部ノ遠祖。天ノ思兼ノ命。(亦ノ名、天ノ兒屋根ノ命)の始め給へる業なればなり。」

とある。前掲の象形文字もアイウエヲの五字は思兼命が創造されたものであると云ひ、又その他の四十五字は五十猛《いたけるのみこと》命が天思兼命に助力して合作せられたものであると傳へられて居る。象形文字の字源と、日文字の字源とは全く別種のものであるのに拘はらず、共にその創造者を同一神に歸するのは如何なものか。平田篤胤は日文字の作者を天思兼命と云ふは實に然もあるべしと之を是認して居る。

彼も此も、神代文字と稱せらるゝものは皆同一神の創作によるものであるか、或は、それ〴〵別の神たちによつて創造されたものであるか、俄に斷ずることは出來ないとしても日文字《ひふみもじ》は神代文字中最も字源の由緒も正しく、又尤も古き文字の一たるを疑はない。

日文字の字源は母となつて縦の韻に用ふるもの五畫

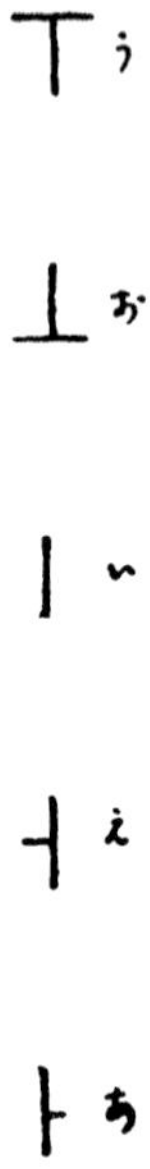

及び父となりて横の音に用ふるもの九畫、卽ち

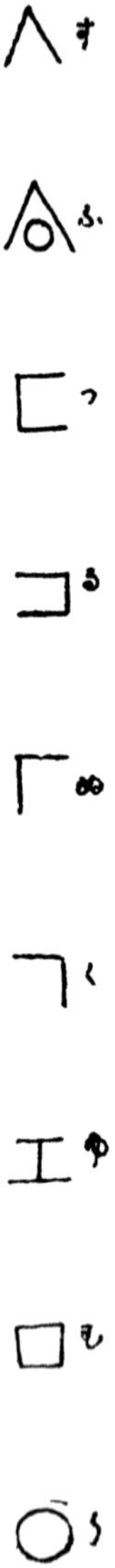

がある。この母韻と父音とがそれ〴〵組合つて四十七音が出來るのである。さて此の縦横の母韻と父音とは如何にして案出されたかと云ふに、鹿卜、卽ち鹿の肩胛骨をとつて其所に兆體《まちがた》の形象によつて製《つく》られたものであると云ひ傳へられて居る。後、龜甲をもつて鹿の骨に換へるやうになつたの

で龜卜と稱するに至つた。この兆體《まちがた》の詳細に就ては後に至つて述ぶる事とし、茲にはその大要を記すことにする。先づ鹿の肩骨、(又は龜の甲)をとり、灼くべき所を明《あかり》の透る位に薄くけづり、そこに驗體《しるしかた》を次のやうに畫いてそれを波々迦《はゝか》の木の火をもつて灼き灯《ひ》折《さき》の食《はむ》べき文《かに》を音《こゑ》の符印とするのである。

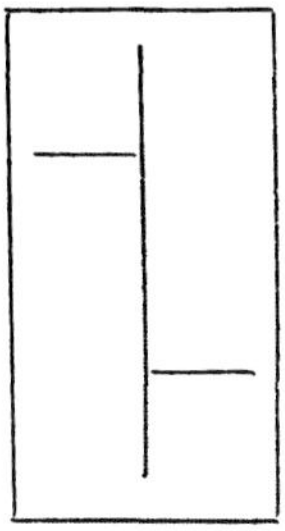

前掲の縦五畫の母韻はこの驗體のなかの  を分つて作つたものである。野々宮隆正は之を次の如く分解して理解に便利ならしめて居る。そして一つ一つに「トホカミエミタメ」の句を割當て丶居る。

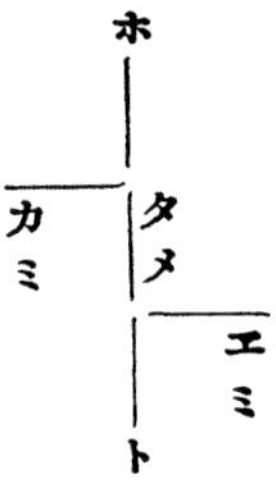

彼は縦五畫の字原をなすのはこのなかの 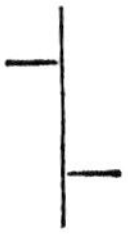 だけでなく、外圍の  を加へては居

るが、孰れにしても多少は驗體の置地を加減するを要するのである。
丅《う》は前掲一《エミ》の下に┃《さ》を加へたもの、
丄《お》は┃《ほ》の下に一《かみ》を加へたもの、
┃《い》は┃《ため》で別に加へない、
┤《え》は「ほ」と「ため」とを連ねた――ものゝ左側に一《かみ》が加へられ、
├《あ》は「ため」と「と」とを連ねた――ものゝ右側に一《エミ》を加へたものである。
横の父音九畫は外圍の□を或は○《まる》に或は□《かく》に象り且つその外圍の一部を加減して案出されたものである。
∧《す》は□を斜に割きたる一畫を其の儘に引起したもの。
⌂《ふ》は∧《す》の下に□を加へたるもの。
匚《つ》は□を中央より上下に割り、その左側をとつたもの。
コ《る》は前の如く割りたるものゝ右側をとつたもの。
厂《ぬ》は□を右上角より左下角にかけて斜に割つたものゝ上半形をとつたもの。
┐《く》に□を左上角より右下角にかけて斜に割つたものゝ右半形をとつたもの。

工《ゆ》は□の左、右兩側を除きたるものに一線を中央に加へたもの。

□《む》と○《う》とは□をその儘一は角にし、一は圓にして用ひたるもの。

斯くして出來た四十七音の文字を日文字《ひふみ》と號ける。そのわけは最初の三字が「ひふみ」と呼ばるゝので其を數の一二三《ひふみ》にとり、その續きを四五六七八九十百千萬《よいむなやこともちろ》と稱することになつて居る。天孫本紀によれば此の一二三《ひふみ》の稱呼は鎭魂祭之日に天鈿女命の裔である猿女君等が其の神樂を主とし其の言本《ここのもと》を擧げて、一二三四五六七八九十と歌つて神樂《かぐら》を舞ひ歌つたものである。その起原は天照大神を天之石屋戸より迎へ奉る際に歌つたに始まつて居ると言はれて居る。言本とは四十七音を云ふので、これだけの音で言語の數何十萬言あつてもヒフミの言本《ここのもと》で之を言ひ現はすことが出來るとの意味である。その言本《ここのもと》は

ヒフミヨ　イムナヤコト　モチロ　ラネシキルユヰツ　ワヌソヲタハクメカ　ウオエニサリヘテノマスアセヱホレケ

之は天神から饒速日命《にぎはやひのみこと》に傳へ、饒速日命《にぎはやひのみこと》から宇摩志麻治命《うましまちのみこと》に宇摩志麻治命《うましまぢのみこと》から猿女君《さるめのきみ》に傳へたもの、それより絕へず世々に傳はつて今日に至つたものである。

「十一月丙子朔庚寅、宇麻志麻治命、奉レ齋二殿內於天璽瑞寶一奉爲二帝后一崇二鎭御魂一祈二禱壽

祚ニ所レ謂御鎮魂祭自レ此而始矣。凡厥天瑞謂宇麻志麻治命先考、饒速日尊自レ天受來天璽瑞寶十種是矣。所謂瀛都鏡一。邊都鏡一。八握劒一。生玉一。足玉一。死反玉一。道反玉一。蛇比禮一。蜂比禮一。品品比禮一是也。天神敎導若有ニ痛處一者。令ニ茲十寶一謂ニ一二三四五六七八九十一而。布瑠部由良由良比布瑠部。如レ此爲レ之者死人返生矣。即是布瑠之言本矣。所レ謂御鎮魂祭是其緣矣。其鎮魂祭日者猿女君等。率ニ百歌女一擧ニ其言本一而神樂歌舞。尤是其緣者矣。」

之を譯すれば左の如し。

「かのと酉《とり》の年十一月ひのえ子《ね》の朔日《ついたち》、かのえ寅《とら》の日うましまぢの命、殿のうちに天つしるしの瑞《みづ》の寶《たから》を齋《いは》ひ、帝、后の御爲に御魂を崇め鎮め聖壽の祚ひを祈禱る、所謂る御鎮魂《みたましづめ》の祭此より始まれり。それ天つ瑞寶はうましまちの命の先考饒速日の命が天より受け來れる天璽瑞寶の十種是なり。所謂るをきつ鏡一、へつ鏡一、八握劒《やねかのつるぎ》一、生玉《いくたま》一、足玉《たるたま》一、まかるかへしの玉一、ちかへしの玉一つ。蛇比禮《へみのひれ》一つ、蜂比禮《はちのひれ》一つ、くさぐさの比禮《ひれ》一つ是なり。天つ神敎へ導きたまはく、若し痛む所あらば茲の十の寶《たから》をしてひふみよいむなやこと丶謂つて而してフルベユラユラとふるへ。此の如く之を爲せば、死人も生き返らむ。即ち是れ布瑠《ふる》の言本《ことのもと》なり。所謂る御鎮魂《みたましづめ》の祭是其の緣のもとなり。其の鎮魂《みたましづめ》祭日《まつりのひ》は猿女君等《さるめのきみたち》百の歌女を率ひて、其の言《こと》の本《もと》を擧げて神樂《かぐら》を歌ひ舞ふは是れ其の縁《もと》なり。」

とあつて「ひふみ」歌はその起原を遠く神世に發して居ることが知られる。此の言《こと》の本《もと》を記したのが前記の日文字《ひふみ》である。

(3) 肥ノ人書は日文字《ひふみ》の眞書で所謂る古字《ふるきみな》

前述した通り日本書紀欽明天皇紀第二年の條に「多《さな》に古《ふる》き字《みな》あり」とある古き字とは如何なる文字であるか、又肥人《ひびと》ノ書に就ても、これが如何なる書であるか明にすることが出來なくて空しく年代を經過した。平田篤胤も之を確かむることが出來ないで大ひに惱んだことが察せらる。然るを前に掲げたる日文字《ひふみ》の奥書に、「中古所レ謂ルハ肥人ノ書也」とあるを見て茲に始めて肥人ノ書の實體を確かめ得たるは非常なる喜びであつた。彼は又特別なる調査研究の結果紀に所謂る古き字《みな》はこの肥人ノ書なることを明かにすることが出來た。之に就ては密接なる關係を有する薩人《さつひと》ノ書に就て知る所がなくてはならない。

薩人ノ書は日文字《ひふみ》の草字で所謂る新字《あたらしきみな》

平田篤胤は肥人ノ書と薩人ノ書、又古き字と新字、眞字と草字とを明確にしたい爲に苦心した結果出雲ノ國ノ大社に傳ふる所の神代文字により、又佐藤信淵が見せたる一書に有りしものとを照合して肥人ノ書と薩人ノ書を明かにする事が出來たのみならず、延ひて、古字、新字に至るまで明瞭にする事が出來たのである。彼の謎を解くに至つた唯一と云つても宜しき鍵は何であつたかと云ふに、大社に傳ふる所の日文字に眞と草との兩體を併せ記したるによつて發見された。

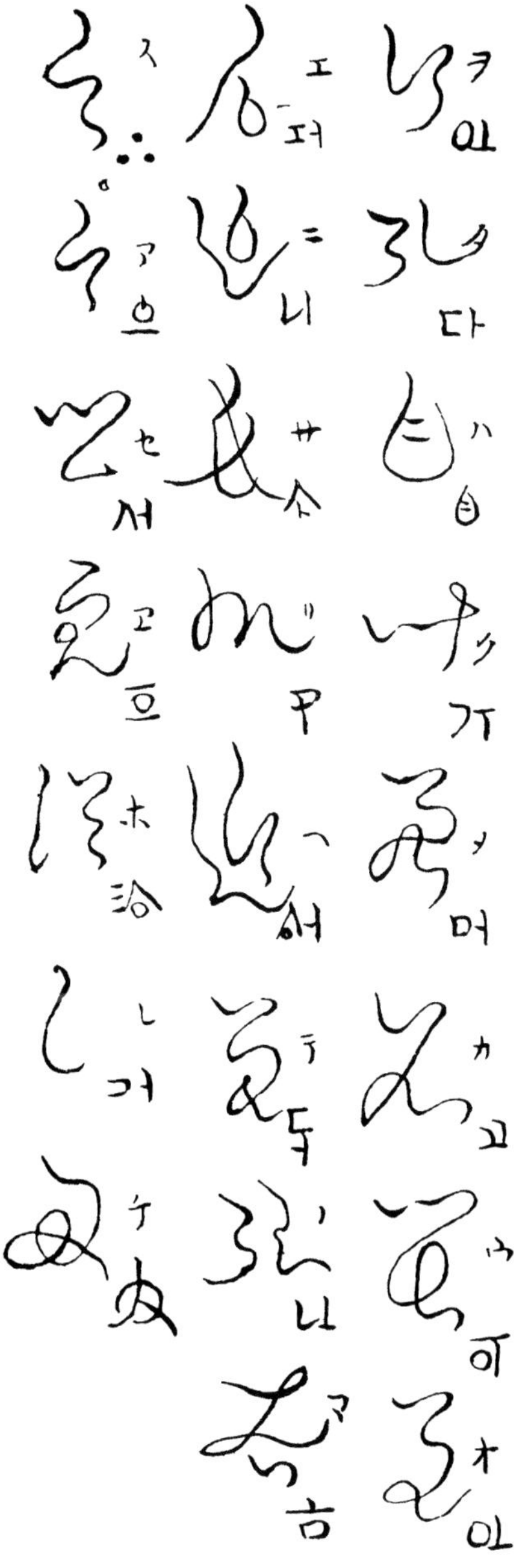

右ハ出雲ノ國ノ大社ニ所ロ傳ル云フ。（以上は墨にて記し、以下は朱をもて記したり）武藏ノ國人金井滌身麻呂傳ル政文者也（金井滌身麻呂、何人といふこと

を知らず。政文が事は既にいへりき○一本に之り右、神世、草文。中古所《ル》謂薩人書也。○こは佐藤信淵が見せたる一書に有りしを本《もと》に採り。又一本を得て校正したるなり。此遺文を得たるに依りて今傳ふる日文の草書筆は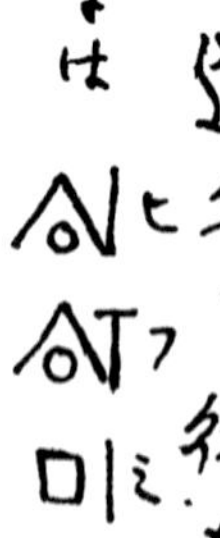の草書なる事を始めて知れり。

右神字日文傳に平田篤胤が轉載した所の所謂る薩人ノ書に肥人ノ書もて傍訓を施したものである。肥人ノ書たる事は前掲の日文字と對照して之を明かにする事が出來る。彼は此の事を明かにした喜びを次の如く述べて居る。

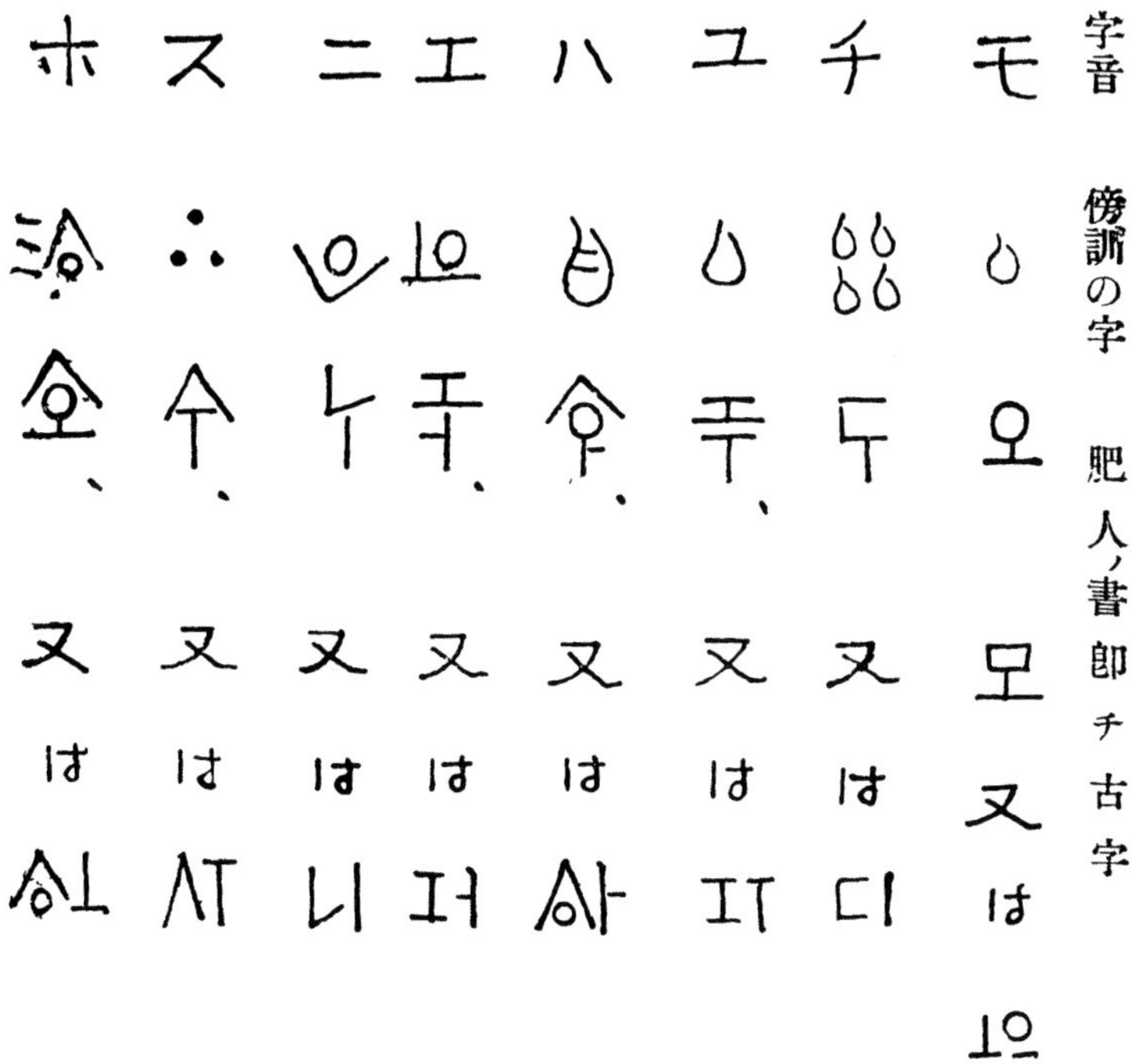

「阿波禮《あはれ》この一枚《ひとひら》を得ざらましかば此ノ日文傳《ひふみてん》の考は出來まじく、あたら神字《かむな》の永く埋もれなまし物をと、いと尊く嬉く、此は實に信淵が贈物にぞ有りける。」と。然し彼は前掲の日文字《ひふみ》によつて知らるゝ肥人ノ書と、茲にある傍訓の肥人ノ書とを對照し、そのうち左の如き相違あることを發見し、如何なる理由で斯る相違を生じたのであるかを質して居る。

上掲は草字たる薩人ノ書の右側に附したる肥人ノ書たる眞字が日文字《ひふみ》の正體に異つたものを例示し、如何なる理由によるものが適當なる説明を求めて居る。或は日文字《ひふみ》の眞字は縱横同書の字多きため之等を草字とすれば更によく似寄つた同形の字に見えて錯り多からむ事を惧れて此は某の字の草字と云ふ目印に、全然形を變へて作つたのが前表に示したやうな眞字となり。從つて古き眞字によりて新しき草字を造つたと云ふより、新しき草字によりて古き眞字に變造を來たしたものであらう。斯る事は漢字にも能くある事である。此等の八字も變化の經路を説明することは困難であるが更に

困難なのは〓《て》と云ふ古字をもつて〓《て》と云ふ新字を造つたのは如何なる理由によるのであるか或は轉寫の際誤つたやうな事でもありはせぬかと考へらるゝのである。

古、新字體に相違があると云つても草字の日文《ひふみ》字卽ち薩人ノ書中に見らるゝ傍訓で上掲の如きは説明することが容易に出來るものである。

以上は異字と云ふべきでなく寧ろ書方を異にした異體に過ぎないものである。

ヘヘ《ン》はその形によつて明かなる如くヘ《シ》を二つ重ねたものである。
▽《ヌ》はしを∨と書きたるに過ぎない變化である。
⊥《カ》は「の右側にトを附くべきのを低部に附けて⊥としたものである。

古はロの右側にトを附すべきを上に置き縦にすべきを横にしたものである。

♉《ケ》は「の右に┬を附すべきを「を圓〇にし、┬をくとして圓の内外に均衡を取るやうにして附加したものである。

(4)　神代文字の種類

落合直澄は「日本古代文字考」に於て神代文字と云ふことが適當でないなら、之を古代文字と云つて宜しい。彼はさう云つて居る。その文字の種類十三を擧げてゐるが、そのうちには既述した阿《あ》奈《な》以《い》知《ち》即ち六《む》行《さ》成《し》字《もじ》、阿《あ》比《ひ》留《る》字《もじ》即ち日《ひ》文《ふ》字《み》の眞字、及び草字等が含まつて居る。

六《む》行《さ》成《し》字《もじ》　阿奈以知、麻邇字。
種《たね》子《こ》字《もじ》　天種子命神代文字。
守《もり》恒《つね》字《もじ》　中村松亭紀守恒の傳ふる所。

阿比留字《あひるもじ》　前掲の日文字《ひふみ》。肥人ノ書。　阿比留字草體　前掲の日文字草書、薩人ノ書。

出雲字《いつもし》　前掲の日文字草書。出雲大社所傳。

阿波字《あはもじ》

惟足字《これたりもじ》　吉川惟足の傳ふる所。

伊豫字《いよもじ》　伊豫城下八幡神主某の傳ふる所。

筑紫字《つくしもじ》

齊部字《さいぶもじ》　齊部、橘兩家の極秘とあるに由て齊部字と名づく。

對馬字《つしまもじ》

夷奴字《あいぬもじ》

以上全部については後に說く事とし、玆には現代に於て最も廣く使用されて居る神代文字即ち阿《あ》比留字《ひるもじ》草體及びその他二三の文字を比較對照してもつて現今使用さるゝ五十音假名が如何なる經路を辿つて形成さるゝに至つたかを知る參考に供したい。之に先つて平田篤胤が神字日文傳中に日文《ひふ》字《み》として擧げたる所謂る遺文十二種のうち左記四種を轉載し・屢々論爭の的となつた文字の字體を知るに便ずると共に、最も由緒深き三輪神社、鹿島神宮、法隆寺に秘藏されたる點を注意したい。

（說明は日文傳の儘を記す。）

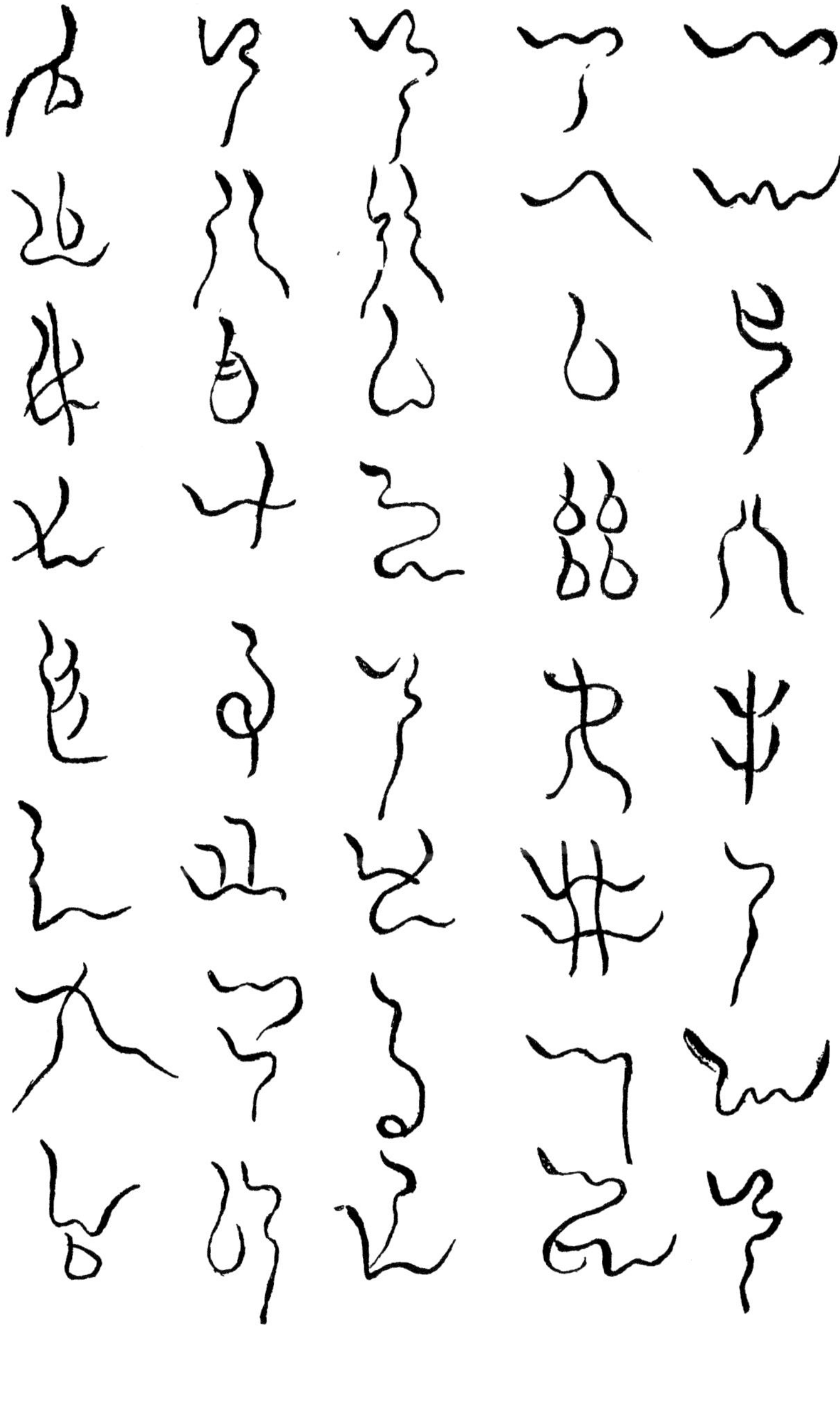

（鶴岡八幡宮秘藏）

右神代之字符。大己貴命所製作也。勅封之御秘訣。所納于鶴岡八幡宮寶蔵之深秘之由来之。依神道執心之厚感字傳之條。堅禁他傳。于時文化五年戊辰初冬吉辰。菅生兼執。

○一本云。右鶴岡八幡宮庫中之神代文字也。河内國枚岡神社　筑紫筥崎宮所傳亦同之云。

日文字

（法隆寺秘蔵）

右神代四十七字ハ者ハ聖徳皇儲ノ所写ス也。和州法隆寺ノ庫中ニ所蔵スル也。（以上は墨にて記し、以下は朱にて書せり）

右ノ原本ハ在筑紫ノ筥崎ノ宮ニ並ニ河内ノ平岡ノ神庫ニ云フ

〇此は京人岩田友靖といふ人の蔵たるを、伴信友か写せると。屋代翁の蔵れると。上野ノ国の閑亭といふ人の集めたる字等を大野ノ尚芳か写せる中にありしと。三本得たるか共にいと正整に写し伝へたり。

日文字

（三輪神社秘蔵）

右ハ大和國三輪神庫ニ所ノ藏神代文字也。從三輪ノ神人得テ之ヲ竊ニ寫ス之ヲ。吉邑ノ正敏。天明四年甲辰二月二十日。乞於友人正敏ニ摹寫ス之。白蓮社。此は屋代翁の寫し藏れたるを借りて寫せるなり。

上野國人閑亭か集めたる一本に右ハ大和國三輪大神庫中ニ所藏とあり。又他の一本に大和國三輪大神庫中極秘神代文字源義亮とありて三枚ともに字体異ることなし。

日文字

（鹿島神宮秘藏）

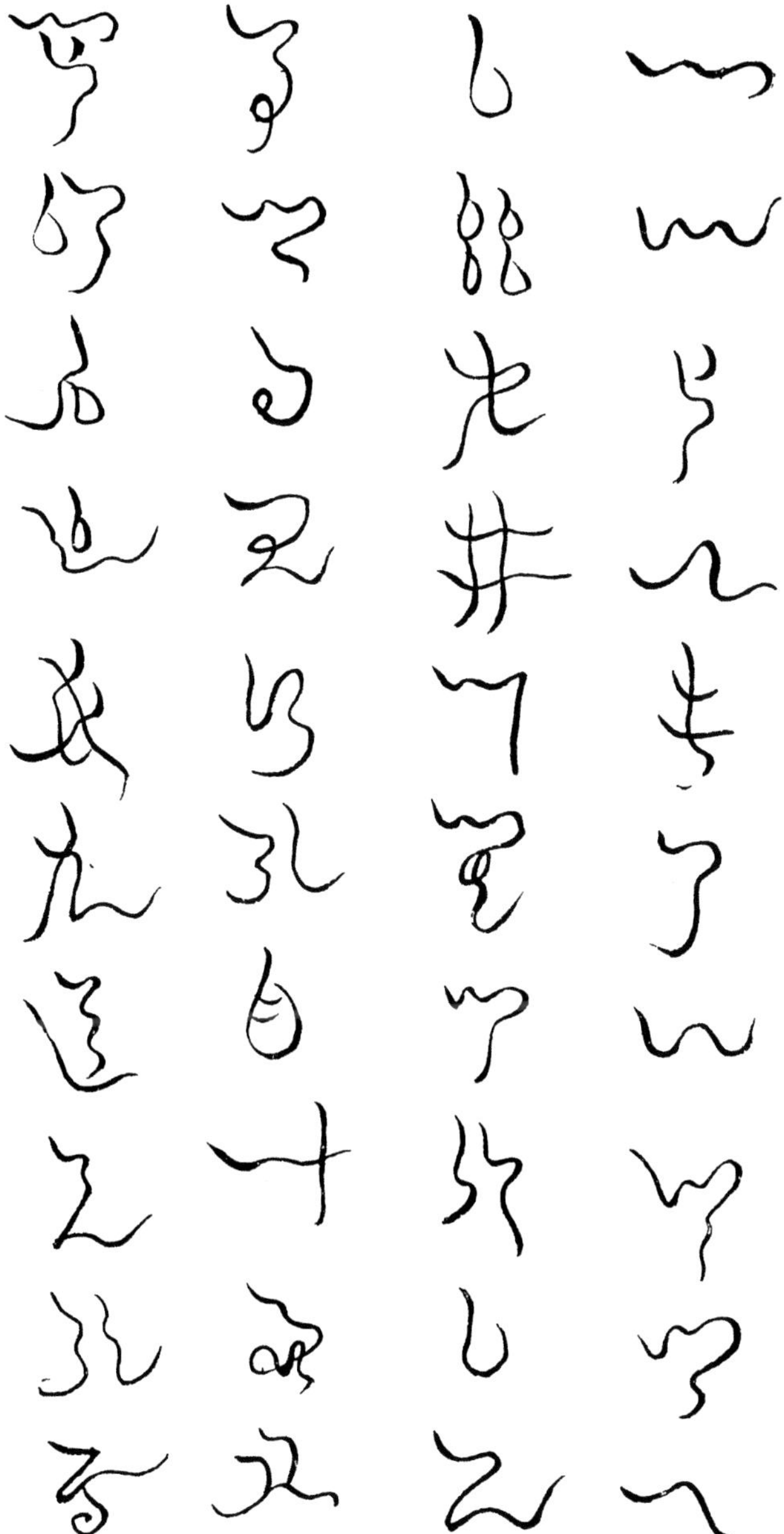

右ハ鹿島ノ神宮ニ所藏。借ニ彰考館ノ總裁平ノ伯時写ヲ而寫シ畢ヌ。日陽東。（歴代ノ篆の写し藏たれたるにかし有り。日陽東とは古旗本。那倍《なす》ノ久左衛門日下部《くさかべ》ノ勝皐ぬしの事なりとぞ。彰考館とは水戸ノ殿の學館の號《なな》なり）。一本ニ云ク

右神代ノ四十七字ハ水藩主源ノ伯時所傳ル。而シテ鹿島ノ神宮ノ神庫ノ所藏ト云。（上野ノ國人岡亨か録めたるにかく記せり。後にまた一本を得たるにも同じ奥書なり）。

(5) 煙滅する神代文字

神代文字は次第に煙滅しつゝある。その理由の如何は暫く措き、煙滅の事實は之を否定する事が出來ない。玆に掲げたる神代文字は皆煙滅して了つて今日の我等はその原本を見ることが出來ない。著者鶴ヶ岡八幡宮秘藏のものに就ては直接その責任者に聞き調べても何日煙滅したかも解らない。著者が目擊したのみならず寫眞まで撮つた神代文字を彫刻した靑石の石板が前宮司より現宮司に至る間に於て煙滅したのは最近の一例である。鹿島神宮に秘藏するものも有名である。その寫本は上野の圖書館にあるのみならず、民間にも「常陸國鹿島大社三秘書神代文字全一卷」と題して傳はつて居るものもある。然るに如何なる譯か鹿島神宮所藏として神字日文傳に掲げられたものは既に煙の如く、何日とはなく消えて失くなつて了つて居る。法隆寺所藏のものに就ては未だ確める事が出來ない。

神代文字を否定する者は、神社に神代文字が秘藏せられたり。又神社に於て發行授與する神璽や御札に神代文字を使用するのを批評して一顧の價値なきが如くに貶す者がある。その理由として神璽や御札の事は延喜式の神名帳に何等の記載がないことであるから例へ由緒ある神社に於て發行授與するとも、それをもつて直ちに神代文字の存在を立證する事は出來ないと。斯の如きは否定せんが爲の曲論であつて神社を尊崇する所以でないのみならず、反つて其の尊嚴を犯すものである。

神社には格がある臣下を祭神とする神社は須く之を不問に附し神代の神様を奉齋する神社は我が國民信仰の中心であつて、斯る神社を尊崇し、之を祀ることは極めて重要なる意義を有するものである。前に述べた三輪神社にしても、鹿島神宮にしても神社中の神社とも稱すべき官幣大社である。

三輪神社は一に大神《みわ》神社《じんしや》と書き、之を「みわじんしや」と訓んで居る。祭神は大物主神《おほものぬしのかみ》、卽ち大《おほ》國主神《くにぬしのかみ》の和魂《にぎたま》で文德を祀れる日本最古の大社である。初め大國主神、少彦名神と共に、力を戮せて國土を經營せられたが、少彦名神は幾もなく、常世の國に渡られたので、大國主神は愁ひまして、吾獨いかで此國を作り得んやと宣ふと、折から海を照して寄り來る神あり「善く我を祭らば、相共に作り成さむ、然らざれば成り難からむ」と言はれた。大國主神「然らば汝《いまし》は孰《いづ》れの神ぞ」と問はれると「吾は汝の幸魂《さきみたま》奇魂《くしみたま》である」と答へられ「吾を倭《やまと》の青垣東《あをがきひがし》の山上に齋き祀れ」と誨へられた。其處で誨のまゝに青垣山（三諸《みむろ》、又三輪《みわ》とも云ふ）に宮を造りて鎭めまゐらせたのが、此神社鎭座の起原である。

この神は國土經營の大業を完遂した神であるから官國幣社中この神を祭神とするもの實に二十社の多きに及んでゐる。そのうちには官幣大社が八社、國幣大社が一社、國幣中社が四社、國幣小社が七社を算へる。我が國に於ける祭神中十社に祀られる天照座皇大御神と素盞嗚尊の二柱だけで、廿社にも及んで居るのは勿論大國主神だけで他には十一社以上に奉齊せらるゝ神すら一柱もない。斯も我が國史に重要なる神を祀る大神《みわ》神社《じんしや》に秘藏せられた神代文字が一顧の價値なしとは神社を中心として國體の明徴を期する皇國民として納得することが出來ない點である。

鹿島神宮は茨城縣鹿島町にあつて、常陸國の一の宮として東國の名祠である。祭神は武甕槌命《たけみかつちのみこと》で香取の祭神經津主命《ふつぬしのみこと》と並び稱せらるゝ武勇の神である。天照皇大神の詔を奉じて出雲の國に下り大國主命を歸順せしめ、茲で東國を經略して、天照皇大神に復命申されたので、遂に皇孫瓊々杵尊を下して、この豐葦原の中國《なかつくに》の君主とせられた。神武天皇の時に創立されたと云ふことである。斯かる由緒ある神社に古へから秘藏された神代文字があつたのに何時の頃か煙滅して今は見當らないと云ふのである。大國主命を祀る三輪神社や、大國主命を歸順せしめた武甕槌命を祀る鹿島神宮に神代文字が秘藏されたと云ふ事は之を他の神社や府縣社以下の神社に秘藏されたものと同一に論ずべきではない。

第六章　神代文字論爭

(1) 神代文字否定の論據に就て

神代文字の存在を肯定すべき理由として第一章に於て十二ヶ條を列擧した。そのうちに古語拾遺の序文に云ふ所の「上古の世未だ文字有らず」の一句を引證して、その意の神代文字を否定するにあらずして、漢字有らずと云へる事を説いた。元來この序文は廣成が自ら書したものでなく後人の加筆であると言はれて居る。して見ると例へ前句が神代文字否定の意味に取られても其の責は必ずしも廣成が負ふべき筋合のものでないと云へやう。

そは兎に角、此の一句あつて以來神代文字を否定するものは之をもつて唯一の論據となし我が神典の一たる古語拾遺の所説到底之を無視する譯には行かないと敎圉《いきま》いて居る。之が後人の加筆であつて見ると、之を唯一無二の論據とすることが既に間違つてるのに、まして況んや敎圉くが如き事は笑止の次第である。殊に廣成は「朽邁《きうまい》の齡《よはひ》、既に八十を逾《こ》え」た老體を厭はずして本書を平城天皇の召問に應じて錄上した所以のものは自家の不遇を訴ふる事も勿論であるが當時大陸の文物が澎湃として我が國に流入し、拜外主義、外尊內卑主義の弊風が盛なるに憤慨して、國粹主義の立場から我が皇國の古道を闡明する所あらんが爲であつた。斯る拜外主義は何處より起つたかと云ふに、序文のうちに

「書契《しよけい》ありてより以來《このかた》、古を談《かた》ることを好まず、浮華《ふげ》競《きそ》ひ興《おこ》り、還《かへ》りて舊老《くらう》を嗤《わら》ふ。」

とある。その大意は我が國に於て上古未だ漢字がなかつた。所が應神天皇の朝に至つて漢字が輸入されて以來文學が流行し種々の浮華なる虛誕を競ふやうになつた。と云ふのである。この一句には國粹主義が欝勃たるものがある。古語拾遺を見る者が這間の消息に通ずれば、序文の一句をとつて神代文字否定說など主張する筈はないのである。

(2)　否定論とその駁論

既に述べた通り廣成が古語拾遺を錄上したのは大同三年で皇紀一四六八年の事であつた。それから約百年の後、昌泰四年皇紀一五六一年に三好淸行は醍醐天皇に勘文を上つて居る。そのうちに神代文字に關する否定の意嚮を漏して次の如く言つて居る。

「上古之事皆出ニ口ノ傳ニー。故ニ代々之事應レ有ルニ遺漏ー。」と。

それより更に下つて約二百年の後大江匡房は筥崎ノ宮記に神代文字否定說を次の如く說いて居る。

「我朝始書テンニ文字ーヲ、代チニ結繩《フルコト》之政ー 即創マルニ於此ノ朝ニー。」と。此ノ朝とは應神天皇の御代を言ふのである。

神代文字の有無に就ては斯の如く有りと說く者あれば無しと主張する者もあつて、孰れとも確められず、未定の儘にして徒らに時日を經過した。德川時代に至つて此の問題が又もや學者の論爭の的となつたと云ふべきである。平田篤胤は近世に於て神代文字ありと論じたるは新井君美ぬしを始めとすとて白石所論の大要を次の如く約して居る。

「そは其著されたる書等に、かの上古ノ世。未ダレ有ニ文字ラー。云々とある。古語拾遺の文を擧て。出雲ノ大社に。神代より傳ほれる物なりとて。漆をもて。文字を記せる竹簡《たけふだ》。あまた有り。其ノ文字。尾張の熱田にもあり。是もし信に。神代より傳はれる物ならんには。神代に文字なしと云ふべからずと言ひ。また。所謂る神代文字なるもの凡そ五つ。或は其字讀むべからざるあり。或は其體辨ふべからざるあり。或は眞體辨ふべからざるあり。或は科斗書の如きあり。或は鳥篆の如きあり。また肥人ノ書、薩人ノ書あり。とも言はれたり。」と。

その頃之に對して否定說を述べた學者に貝原益軒があつた。彼は前述した古語拾遺や、匡房の箱崎宮記を引用して次の如くに説いた。「我邦上古《ニ》無二文字一。讀二古語拾遺、及匡房《ノ》箱崎廟記《ヲ》一而可レ知己矣。此《ノ》二書《ハ》古代之作。可一佐《シ》證《トス》一矣。或以《ハテ》爲《ス》三上世《ニ》有二國字一者《ハ》妄說也《ナリ》。是《レ》無稽之《ノ》言不レ可レ信焉《カクス》。」と彼は否定論者中に於て最も大膽に神代文字なしと斷定したる者の一人である。然し、彼が斷定した論據とする所は單に古語拾遺と「勘文」とに過ぎないのであつて、それらの文献が此の問題に就て無批判に信憑するに足るものなりやに就ては毫も考慮して居ないのである。

益軒に稍遲れて大宰春臺が神代文字を否定して居る。彼は和讀要領に次の如く説いた。「吾國に文字なき事は。先賢の說明白なり。齊部《ノ》廣成が古語拾遺序《ノ》に。上古之《ノ》世未《タ》レ有《ラ》二文字一。貴賤老少口々《ニ》相傳《ヒヘ》。前言往行存《シテ》而不レ忘《レ》といひ。大江匡房の筥崎宮《ノ》記に。我朝始《テ》書《ン》二文字《ヲ》一代《ツルコト》二結繩之政《ニ》一。卽創《マル》二於此《ノ》朝《ニ》」と云つて居る。此ノ朝とは應神天皇の時を指して居ることは前逑の通りである。

以上の學者の言ふ所に論據を据え神代文字否定を强調し三好淸行、大江匡房、貝原益軒、太宰春臺等の說く所によつて、吾が國に文字なき事明なるにあらずや。況んや彼等は皆吾が國の記錄に博覽なりし人々なれば、その說もつとも信ずべきであると。

之に對して尾張國八事《やへさ》山《さん》興正寺の諦忍《たいにむ》和尙は寶曆十三年の頃卽ち皇紀二四二三年に「以呂波問辨」を著はして神代文字の存在を力說し、且つ前掲の否定說に對して猛烈なる勢をもつてそれらの儒者を駁撃した。

「君子は其知らざる處に於て闕如す。腐儒《くされず》者ら、胡爲《なむすれ》ぞ猥りに頑口を開きて知らざるを知らずと爲ざるや。本邦上古に文字ありしこと。晴天白日の如し。何の疑ひが有らむ。然るに。廣成、匡房の輩。深く考へず。上古に文字なしと言へるは無稽なり。貝原、太宰がごとき、其僻說に黨して、證據に備ふるは、何事ぞや。一盲衆盲を引きて火坑《ひのあな》に入るとは。此事なるべし。古人なりとて恃むべからず。孔子は。後世可レ畏ルといへり。大凡そ異朝を崇めて。其餘を蔑するは。儒生の僻なり。貝原、太宰が輩。日本に生れながら其學ぶ所に僻して。我國を鄙むるは。固陋の甚だしきなり。舊き神社には。上古の神字今に殘りて。儼然として存在するなり。然れども深密にして通用しがたき故に。世には流行せざるなり。末の世には。漢字また以呂波字《いろはもじ》。はなはだ省易にして、事用に便なる故に神字は。社々に深く藏して有り。これ自然の勢なり。」

と論ずるや、同じく尾張國の僧で道樂庵敬雄と稱する者現はれて、之を駁して云つた。

「我國の往古に、文字有りしと云ふこと、甚肯《いさうけか》ひがたし。若し文字あらば、名山古跡には、一字半點なりとも殘り在べきに遂にその事なきは如何ぞや。特に億兆の人なれば、四十七字全く覺えずとも、せめて兩三字なりとも覺え傳ふべし。」と。

諦忍は更に「神國神字辨論」を著はしてこの反駁に應へ「神字厳然として。今に名山靈窟に存在せり。汝ごとき井蛙の輩の知るところに非ず。予が秘本なれども。汝が輩の迷謬を愍むが故に、已むことを得ず謄寫せしめて、見る事を許すとて次に掲げたる遺文を書き著はした。而してその奥書たる「右現二在ス鎌倉ノ鶴ケ岡ノ八幡宮ノ寶庫ニ一」と云ふ事まで書き添えた。(以上平田篤胤著神字日文傳による)

前掲一〇三頁にある日文字即ち神代文字を示した。

論敵に見する爲に謄寫した神代文字は諦忍が鎌倉、鶴ヶ岡八幡宮に秘藏されたものに存在して居ると云ふのであるから、一日態々八幡宮社務所を訪れて宮司に面會し、秘藏の神代文字を拜觀したき旨を申入れた。所がそれに對する答は實に意外であつた。その神代文字と云ふのは平田篤胤の本に書いてあるけれども今日當社には存在して居ないとの事だつた。その理由を聞いて見たが要領を得ない。

この事から思ひついて鹿島神宮秘藏の神代文字を聞いて見る事になつた。同じ著者の本に「鹿島神宮所藏」の神代文字を掲げてあるのみならず圖書館に「鹿島文字」と云ふ單行本の寫本すらあるのだから、その原本が必ず存在するに違ひあるまいと考へた。元鹿島神宮の宮司だつた岡氏に會つた機會にこの事を尋ねてみた所、同氏の言はるゝには自分が宮司在職中その神代文字を調べて見たが、存在して居ないと云ふ事がわかつた。日文傳にあると明記してあるのに、無いとは變だと考へ幾度も念入りに調べたが遂に見付つからなかつたので、先づ無いと答ふるの外はないとの事であつた。神社の秘寶と云ひ社寶と云ふやうな品が、そんな風にわけのわからぬやうにして無くなつて宜いものか、それを又探し出す爲に努力すると云ふ樣子も見えないが、それで宜いものかと云ふ疑問も起つて來る。

話は再び鶴ヶ岡八幡宮にに戻るが、同社の秘寶中靑石に素盞鳴尊の像を彫りその上邊に神代文字で「八雲立つ、出雲八重垣、夫妻隱《つまご》みに、八重垣作る、其の八重垣を。」と云ふ有名な歌を彫つてあるのを見せてもらつた。最初は尋ねて居た神代文字がないと聞いて大いに失望したが、失望の度が甚だしかつたゞけ新にこの神代文字の靑石板を見せてもらつた時の喜びと云ふものは何に譬へやうもなかつた。早速寫眞に撮影させてもらつてその當時(昭和十三年五月發行神國文化研究第二輯)發行した研究誌上に之を發表した。その後約一年宮司の更迭があつて現宮司座田氏になつたので敬意を表した。その節前記の神代文字石板の話をした所、宮司はそんなものは無い。就任間もなく內務省の關係官に立合つてもらつて寶物調査を行つたが、そんなものは無かつた。然しつい一兩年前、その寶物を見たばかりでなく寫眞も撮つてあるので、どうもおかしなものですと疑義を挾んだものだから、當時の禰宜横井氏に命じて寶物臺帳を取寄せ之を調べた所、あつた。臺帳には次のやうに記錄してあつた。

一石　碑　　壹面　（青石）

銘表　御影　神代文字

裏　　寬平七年八月五日

皇帝萬歳爲二天下太平一

俗別當遣唐大使中納言從三位兼行左大辨春宮　　攤儕徽翻

寸法　竪一尺六寸六分　横一尺

重量　二貫百二十五匁

模樣　素盞嗚命御影　上に神代文字を刻む。

寄附人宮崎博尹

傳來菅公御自作と云ふ

此等の事實によつて知らるゝ如く神代文字は漸次煙滅しつゝある。春日神社の如きも以前は神代文字があつたが今は無いと云ふやうな事を聞く。

その理由の如何は之を知ることが出來ないが物の本に明に存在して居ると記された神代文字が今は煙滅して存在しないと云ふのは單に斯道研究者にとつてのみならず實に邦家のため甚だ遺憾に堪えざる所である。

神代文字の存在に就て疑問を抱く者に對しては出來るだけ之を說明しもつて存在を立證すべきであるが、往々にして之を無理に證明しやうとする者がある。所謂る贔負の引倒しをやる者がないでもない。斯る者のため神代文字そのものゝ存在を甚だしく不利なる立場に導くこともあるので、それらは須く排除し菽麥を辨し、魯魚の誤を正すことも必要である。

某氏は「八紘一宇」誌上に一文を寄せ、明治天皇が明治三年正月惟神の大道宣揚の大詔を御下しになつた後、即ち明治五年に全國各府縣に中敎院を御設けになつた事を說き、次に明治天皇の御製を引照してその謹解を記してあつた。

いその神ふることとふみは萬世も
　さかゆく國のたからなりけり

茱氏はこの御製の意味を

「いそ」とは五十音（アイウエオ）「神ふることふみ」とは古への神代文字を御指しになつたものと拜されます。卽ち皇國傳統の文字は「萬代の後までも、榮えゆく日本の寶であるぞよ」と仰せられたものでありますまいか。と

ふることふみが古代の文字に思はれたり、いそか五十《いそ》に考へられて以上のような解釋を加へたものであらうが、御製を謹解する者としては甚だしき不謹愼ではあるまいか、第一「いその神」とあるのを二分して「いそ」と神を下の句に附けて「神ふることふみ」となすが如き實に亂暴極まる解釋と言はねばならない。茱氏が「いその神」と引照して居る句は「いそのかみ」とあるので「神」と云ふ字は用ひてない。之は明治天皇御製のうち「いそのかみ」とある他の句を拜すれば至極明白な事である。

石上ふるきてぶりぞなつかしき
しらふる琴のこゑをきくにも

石上ふることぶみをひもときて
聖の御代のあとを見るかな

石上ふるき手ぶりもとひてみむ
　物しる人を尋ねいでつゝ

以上の例によつて知らるゝ如く「いそのかみ」とお詠みになつたのは某氏の如く「いその神」と書くのは大なる誤であつて、當然「いそのかみ」と御製通りに引照すべきである。若し萬一その意義から之を漢字に書き表はすとすれば「石上」と書くべきものであると信ずるのである。それにも拘はらず勝手な當字を用ひて御製を引照し之を强ひて神代文字に引き當てるやうな事を敢てするのは神代文字のため、且つは一般神代文字硏究者のため甚だ迷惑である。御製に對する甚だしき不謹愼な解をなしたが爲に某氏が前述した「神代文字をもつて記された御神影」そのものに就ても亦疑義を生ぜしむるが如き事なきを俗せられない。

更にも一つの例を擧げて見る。著者はチヤチワード著「陷沒せるミユ大陸」に就て話すことを求められたので、その大要を紹介し、同大陸に於て用ひられたと稱せらるゝ文字、卽ちナアカルタブレットに存する記號文字は我が神代文字と何等關係がないものと認める。若し幾分でも似通つて居る所があると云ふのなら、基隆ケタガラン蕃族の間に用ひられた記號文字がそれであると云ふ意味の話をした。所が世界中何處に於て發見せらるゝ文字と雖も、悉く我が神代の文字から派出したものであると考へる人々にとつては著者の考への如きは甚だ怪しからん事で、講演後一人著者の許に來つて更に精しく研究して見ては如何ですか、ミユ國と我が國との間に共通する文字があるに相違ないと思はれますが、と云ふやうな希望を述べて居た。

斯る一派の人は支那に於て殷代舊都の跡と稱せらるゝ處より發堀出土せる龜甲獸骨にある刻文を始め此の種の刻文を悉く我が神代文字であると斷ずる弊がある。斯くの如きも尙更に愼重なる調査研究を加へたる上に於てなすにあらざれば我田引水のそしりを免れない。「此出土の龜甲獸骨は悉く貢卜用の物にして、且つ歷史の示す處に據れば所用後投棄せし者なり。元來貞卜の術たるや其當時の最高識者の專業にして、龜は高貴用、獸は通俗用の者なり。又其法式の如きは深邃の秘術にして、筮と相俟て其豫言は世に信用せられ後年忘信利用の壓勝の如きも玆に源を發する者ならん。從つて其刻文は尊嚴なる業務外の記事は一も存在せずして、本來の目的たる狩獵に關したる豫言のみなり。」(埃漢文字同源考四三〇頁)

龜甲獸骨に刻まれた文字、記號等に於て我が神代文字記號と同じものが尠くない。之は必ずしも支那の文字記號が我が神代文字より轉訛したものと云ふことは出來ない。埃及の象形文字と我が象形文字が五十音中二十三音の類似を見ることが出來る點から考へ漢字の非常に多き字數のうちに我が文字と同じ文字が尠からず見出さるゝのは寧ろ當然の事である。

之が漢學の大家であつた太安萬侶が、僅か二十八歳の青年稗田阿禮が誦んだ所に從つて古事記を撰錄せねばならなかつた理由であつたと云ふべきである。（神國文化研究第七輯參照）

早稻田大學教授西村眞次博士は「日本文化史概論」のなかに「日本古代の文字」と題して論じ、日本には昔から文字があつたか、無かつたに就て色々の說があると言つて居るが、是又二三の說をのぞいた程度で直ちに斷案を下して次の如く言つてゐる。

「いはゆる神代文字や日文やは後人の假作で、事實我邦には古代に固有文字がなかつたのである。齋部廣成が「古語拾遺」に於て「上古之世、未レ有ニ文字一。貴賤老少。口々相傳。前言往行。存而不忘。」といつた通り、口頭によつて過去の歷史を傳承したのであつた。（二一三頁）と言つて居る。

廣成が言つた「文字」とは當時一般に使用されてゐた「漢字」を意味するものでそれ以外に文字を認めて居なかつた實情などについては毛頭考へ及ばないで居る。此の點がわからないと、何せ廣成の子孫たる忌部正通が「神代卷口訣」を著はし、そのうちに「神代文字は象形なり」と云つた事もわからない筈である。それだから沖繩に行はれた結繩の事、南部暦の事、又は彌生式土器に一種の記憶的符號があるのを見ても深く考慮する態度もないのである。「肥人ノ書」「薩人ノ書」があつても是又我が國の文字をもつて書き記されたものと考へないで、苗族の間に用ひられたと云ふ「苗字」だと云つてゐる久米博士の憶説を鵜呑にして、我が固有の文化を抹殺して了ふやうな説を敢てするのである。

「肥人書」「薩人書」にある文字がどんな文字であつたか、多方久米博士は見た事もなく、又想像した事もなかつたどらう。それで博士は「出雲の文字島に存する少彥名命の字は苗字にして、呉越往來の時代に用ひたる文字なるべし。又肥人書、薩人書などありといへど。其字の傳はらねば、何れの字なるかを稽ふるに由なけれど、肥人書は韓土より傳はり、薩人書は閩地より傳はりたる苗字の一種ならん。」と說いて居る。

苗字と神代文字と類似してゐるやうに久米博士は說いて居るので、之を對照比較する要を感じ、康熙年間に支那の錢塘陸次雲士が著はした「纖志志餘」に就て之を調べて見た。そのなかに記されたる苗字と云ふのは肥人書、薩人書にある我が神代文字とは全然異つた文字である。兩者を對照すれば誰でも一目瞭然として其の相違の著るしき事を明にすることが出來る。それにも拘はらず、兩者相似たりと云ふが如きは無稽も甚だしいと言はざるを得ない。

久米博士は漢字の渡來を遠く神武東征の時又はそれ以前にあつたと見て居る。（日本時代史第一卷一一九頁）博士の烱眼なる我國古代の文化は文字なくしては解することが出來ないのを看破し、文字が存在した事を認めたのは敬服に値ひするが、之を漢字と考へ、我が國固有の文字であつた事に考へ及ばなかつた事は實に遺憾千萬である。

(3) 須多因博士と丸山作樂との問答

前述する所によつて知らるゝ如く、我が國學者中には我が固有文字の存在を理由なく否定する者多きに拘はらず、遠き歐羅巴の地にあつて一度も日本の地を踏んだ事なき墺國維納の學者スタイン博士は我が國に神代文字の存在するのは當然過ぎる程、當然であると之を肯定し、更に今後その研究を奬勵し、もつて之を同國の研究雜誌上に發表せんことを語つて居る。

明治二十年憲法制定に關する取調の使命を帶び海江田元老院議官と共に渡歐し、特に墺國の積學スタイン博士に就て研究する所があつた丸山作樂は神代文字に關してス博士の問に答へて次の如き問答をして居る。

スタイン博士問。「神代の古字とは如何なる者にや、想ふに開闢以來の歷史ありとせば漢字あらざる以前に係れる原文必ず無くんばあるべからず。而して數千年間の事實口碑の得て傳ふべきに非ず。且つ其年月時日及び地名人民の如きは一々記憶し能ふべからざるを以て一種の古代に行はれし文字の元素とも云ふべき符號の點畫ありしならむ。日耳曼の上世羅馬、希臘の字を用ひたる以前には流泥《ルネ》と云へる一種の文字ありて其中にー∨┬ト∧等の畫あり。人文稍開けてより圓滑の字形に變成せりと云へり。就ては上世の歴史現存する以上は其原文は必ず古字ならむを疑を容るべからず。學士社會にては、徴證を得て辨說する事要用なり。其字畫を記載し、片假名、平假名等に至るまで其製作の時代をも垂示せよ。」と。

丸山氏答ふ。「前回敎示せられたる流泥《ルネ》と稱する古字中なるー∨┬ト∧等は、我が古字に於て最も正しき傳說ある神字日文の楷正の字畫と全く同じき者なり。古字に日文《ヒフミ》、秀眞《ホツマ》、穴市《アナイチ》の三種あり秀眞と穴市とも傳來の久しきを以てすれば、漢籍前後に於て、一方に適用したる者ならむ。支那字に類似せるより、世人の信を措き難しとする所なり。而して神字日文は、八意思兼神の所作と傳ふ。聖德太子神字の絶滅を憂ひ神社佛閣に寄附して保存を圖るとせり。社記に肥人書、薩人書とある卽ち是なり。神字五十音は宇於伊衣阿《ウオエイア》の母韻と宇千由牟布須久奴都流《ウチユムフスクヌノル》の子音と配合して聲を發し字を綴れるを片假字音圖は、阿伊宇衣於を縱行とし阿加佐多那波麻耶良和を横行とし悉曇章《シツタムシヤウ》に依りて位置を變改し、又習字にも日文の順次及び難波津安積山《ナニハツアサカヤマ》を廢して、平假字色葉歌《いろはうた》を用ゐるに至れるは佛式の盛なる、一時文權を得たるより馴致したるなり。而して縱字橫字の配列は、今謂ゆる宣命書《せんみやうがき》の遺式なりとす。綴字の左行なるは洋文と一般、發聲は五十にして濁音二十を轉音とす。中古漢字と併行したること、現今の朝鮮文の如くならむ且つ日文の楷書は朝鮮の諺文と唱ふる者と大同小異なるを以て、彼國より渡來の者ならむとの一說あり。先哲之が爲に辯論せり。然るに我が同行の一人にして現に伯林在學の圖師崎助幹先年朝鮮出張の時、其學士に就きて質問せしに、中世彼國人我が國に寄寓し、其文字の簡便を喜び、歸朝の後王に勸めて一般に行はしめしなり。故に上古傳用の漢字に對して諺文と云へるなりと答へたりと聞けり。是れ我が國固有の文字たるを證明するに足れり。尙高敎を賜はらむことを請ふ。

スタイン博士。「神代文字と朝鮮諺文と同體なるは隣近の國柄殊に上世より交通ありしを以て怪しむに足らざれども、東西懸隔せる日耳曼古字の流泥《ルネ》と相類似せるは偶然に非るべし。上世は言語も世界一般なりしを人種の各所に散在するに隨ひ、音韵轉訛して異樣となり終には今日の相違を致せりとの說ありて博言學者は世界類語の撰述ありと聞けり。今神字日文の傳來を聽きて、予大に發明する所あり。」

斯くて博士は墺國帝眞影の金粧賞牌を示し之は學術・文藝拔群の者に特に與へて榮譽を添へ優待

せらるゝもので全國に於て僅か七名に過ぎない。神代文字の事も今後大に研究して我が學藝林藪とも稱すべき公報に掲げて廣く東西學者の知識交換を謀らむと慫慂する所があつた。この事は單に丸山氏に圖つたばかりでなく、先般文部の濱尾君にも申し含めたと云つて居る。（宮内省版須多因氏講義）

東西文明の融和を計り、知識の交換を助けもつて文化の向上に資する所あらむとするスタイン博士の好意的な勸誘に應じて誰が日本の學者にして之に應じた者が一人でもあつたか、寡聞にして未だ之を聞かない。然るに獨人ジイ・ケムペルマンは、神代文字と題する堂々たる論文を明治三十三年發行の獨逸協會雜誌上に發表して居る。この論文に對しても我が國の學者中誰一人として批評を加へ又は反對論を唱へた者あるを聞かない。無關心と云ふが、自國の文化に關する斯る重要なる問題に對して學者のとれる態度は甚だ遺憾なりと云はざるを得ない。

(4)　神代文字と悉曇章

神代文字に關する異論の一つとして、それは悉曇章（梵字）から來たものであるとの說をなして神代文字を否定する論者が現はれた。一人は北里蘭氏で　他の一人は竹田鐵仙氏である。北里氏は

「日本古代語と國民精神」と題する小冊子に於て「神代文字の有無」を説いて居る。日本書紀欽明紀の條に

帝王本紀多有古字、と云ふ一句と

命境部連石積等、更肇俾造新字一部四十四卷、とある一句とを擧げ、神代文字肯定者は、新字といふ文字から推考して、古代に文字があつたらうとして居る。

無いといふ方は之を駁して、この古字新字とあるは漢字であつて日本文字では無いと主張して居る。と云ひ、次に

「さてこの古字新字を漢字とする説に從へばそれまでゞあるが、神代文字有りと主張して居る田中翁の神字考、平田篤胤翁の神字日文傳、落合直澄氏の日本古代文字考などによつて、神代文字として普通坊間に知れ渡つて居るもの丶大部分は最負の引倒しであつて、神代まで溯らず、佛典渡來後のもので、文字そのもの丶構造が五十音組織に立脚して居る。所謂る問ふに落ちず談るに落ちるものである。」と難じ、五十音組織に立脚した神代文字は神代に於て創作されたものでなく遙に後世のもので、而もそれは印度の梵字から轉訛したものに過ぎないと説いて居る。

竹田鐵仙氏は「大法輪」誌上に「悉曇通俗講座」を開講して居た。その講座のうち「五十音圖」

と題する所に於て、五十音圖の成立について說明して居る。その要點は次の通りである。

賀茂眞淵や平田篤胤などゝ云ふ神道家や國學者が五十音圖は神代から我が國にあつたもので、篤胤の如きは、印度に悉曇字母表《しつたんじもへう》といふ五十音圖に似たものがあるのは我が國の五十音圖が印度に傳はつたからだと云つてゐるのに對し、本居宣長は自分の師である眞淵や又自分の門弟である篤胤の說に反對して五十音圖は悉曇字母によつて悉曇學習の爲に作られたもので、皇國の固有でないと極論してゐる。と兩說の對立を說き、竹田氏は本居說を取ることを明かにしたものである。

然し五十音圖は悉曇字母表によつて作成されたものであると云ふにも拘はらず、その作者は元より何の爲に作られたものであるかと云ふことも判明してゐない。またその成作年代も一定してゐない事は悉曇論者にとつての弱點である。

それかと云つて又次のやうな事も說いてゐる。

「古い悉曇書には現行五十音圖の經緯と同一なるものが無いから、五十音圖は悉曇の傳來以前に漢學者が反切の爲に作つたものであるといふ說も、一應は尤な意見ではあるが、已に述べた樣に五十音圖が陀羅尼を讀誦する實用の爲に出來たものと云ふ觀點からすると區々である音圖もその緯の順序を異にした所以が窺ひ知られ、五十音圖が悉曇から成立したものであることが一層と理解される。」と。

五十音圖と悉曇章とは極めてよく似てゐるので、どちらかゞ、他を取入れて作つたものと考へられる。それで前記二氏の如きは印度文化が日本文化よりも早く發達したものと云ふ立場から、日本の五十音圖は印度の悉曇から眞似たものであると結論したのである。之に對して純然たる第三者の立場にある學者として山田孝雄博士は「五十音圖の歷史」を著はして反對說を述べて居る。

博士は五十音圖の歷史を略述して、五十連音圖はもと悉曇字母に依つて作れるものなることを唱へたのは眞言宗の阿闍梨で梵文に通じた契仲であつた。その契仲は延寶五年に河內鬼住延命寺の覺彥に就て安流の灌頂を受けた。覺彥は卽ち近世有數の悉曇學者淨嚴の字である。淨嚴の名著「悉曇三密鈔」と契仲の「和字正濫鈔」とを對照すれば契仲の說は覺彥淨嚴の說に基くものであることは明かである。

然し五十音圖は覺彥の時よりずつと古く、平安朝時代から在るのであるからして、若し眞に悉曇から生じたものとするならば、その平安朝の時代若くはその以前に悉曇から之を抽き出してつくつた人があるべきであらう。然るに我々は平安朝時代から室町時代までに多くの音圖を見るけれども、一人も之を悉曇から生じたとか、悉曇學者の手に成つたとかいふ人を見聞しないのである。さうするとこの悉曇起源説も亦無稽の徒ら言であるやうに思はれる。

徳川時代の初期までは密教の阿闍梨の間にさへも、これが悉曇から出たものだといふ考へは無かつたのである。なほ又契仲よりも後、宣長よりも稍先輩であつた僧文雄は覺彥以後の音韻學者で「磨光韻鏡」の大著もあり、悉曇にも通じてゐた筈の大學者であつたが、その著「和字大歡鈔」に五十字文と題する項に於て、片假字のはじめ五音の差別によりて五十字文を作れり。五音とは喉、牙、齒、舌、脣の次第なり。是日本音韻の圖なり。亦假名反の圖とも云。吉備公の作なりと云。又或說に百濟の尼法明對馬の國に來れり。此圖を作り國人に傳ふ。故に對馬以呂波と云よしいへりおぼつかなし。其世にいろはの名もあらざれば、後人の名けて法明に寄せたるならん。」と說いてゐるが悉曇から生じたものだとは一言も、どこにも說いてゐない。さうして見ると、文雄は悉曇起源說を是認したものではなかつたと見ることが出來る。

以上は山田博士所說の大要であつて五十音圖、悉曇の傳來する以前に日本の漢學者が、漢字音の反切の爲に作つた一種の音圖があつたものを悉曇の學者が、その悉曇字母表の順序に據つてこれを整理したもので、現行音圖のアイウエオ、アカサタナハマヤラワといふ經緯が確然と一定したのは徳川時代になつてからであると云ふのである。

上來說述した所によつて知らるゝ如く神代文字は外來文字でなく、又外來文字の模寫でもない。純然たる我が皇國文字で、我等の祖先が創造したる國字である。我が國文化の特長を表はして居る神代文字が久しく閑却されて居た事は遺憾千萬と云はねばならない。一部先覺者のうちには、平田篤胤、野々口隆正、落合直澄などの外谷森善臣があつた。明治三十九年齡九十歳にして「古字薄草紙」を著はして神代文字の國民一般に普及を企圖し左の一首を添えてゐる。

むかしよりかきつたへこし眞名五十字

今も習ひて世にひろめてな

第七章　神代の文字と假字の字源

一　片假字といろはの起原

右大將藤原長親は應永年間に花山耕雲散人明魏と云ふ文名をもつて「倭片假名反切義解」と題する一書を著はした。其序文に「到二於天平勝寶年中一右亟相吉備眞備公取下所レ通用于我邦一假字四十五字上。省二偏旁點一畫作二片假字一然後弘仁天長年中。弘法大師釋空海造二四十七字伊呂波一(四十五字增二補圍於二字一)」と云つて居る。

之をもつて見れば吉備眞備公の時に通用した假名があつた。その假字と云ふのは眞字《まな》に對するもので日《じつ》、月《げつ》は眞字で、比流《ひる》、圖幾《つき》は假字であるが如きことを云ふのである。共に漢字を用ふれども義を以て訓するは眞字で、音をもつて一字一音となす時は假字と稱するのである。斯る意味をもつて古事記、萬葉集の如きは眞字と假字とを混用して居ることが知られる。

斯る見解をもつて假字と稱する文字は所謂る漢字であつて我が國の文字ではない。我が國の言葉を漢字によつて書き現はすに過ぎないのである。そこで吉備眞備は漢字の偏、旁、畫を省いて假字四十五字を取り、天平勝寶年中大和郡に於て之を作つたので之を大和假字とも云つて「以呂波探玄抄」に左の假字を掲げて居る。

阿ア	伊イ	宇ウ	江エ	乎ヲ
加カ	喜キ	久ク	箇ケ	己コ
茶サ	○シ	須ス	世セ	曾ソ
多タ	○チ	○ツ	天テ	止ト
奈ナ	仁ニ	奴ヌ	○ネ	乃ノ
半ハ	比ヒ	不フ	○ヘ	保ホ
末マ	○ミ	牟ム	女メ	毛モ
也ヤ	○ヰ	勇ユ	○エ	與ヨ
良ラ	利リ	流ル	禮レ	呂ロ
和ワ	伊イ	宇ウ	江エ	於オ

片假字は漢字の偏、例へば「イ」に於ては伊の偏である「イ」を取り、「エ」の場合は江の旁であ

る「エ」を取り、又「ウ」の時は宇の字の冠ある「ウ」を取り、更に「ヲ」の假字は乎と云ふ字の點を取つて片假字としたのであると云ふのである。然しこの説明は甚だ不徹底である。從つて片假字の全部に適用されて居ないのみならず前掲に就て見ても明かなる通り「〇」を記した場所に明記すべき適當な漢字を缺いて單に片假名字だけを記してある。之は適當なる漢字を見出すことが出來なかつた爲であると見るべきであらう。又片假字は漢字の音によつて造られたものと云はれるも之を全部には適用されて居ない。此の點に就て既に瓊華が「以呂波探玄抄」に對する批評中に指摘して次の如く說いて居る。

「訓を音に假る字多し、四十七字の内訓の字なしと云ふべからず、トは止也音シ、止訓ととまる。江は音コウ、訓はエ也。此類多し。」と云つて居る」と。

次に弘法大師の作と稱せらるゝ「いろは」四十七字の字畫解を花山耕雲山人明魏に從つて記せば左の通りである。

い以　ろ呂　は波　に仁　ほ保　へ邊

と登　ち知　り利　ぬ奴　る留　を遠

わ和　か加　よ與　た太　れ禮　そ曾

つ圖　ね禰　な奈　ら良　む武　う宇
ゐ爲　の乃　お於　く久　や也　ま末
け計　ふ不　こ己　え江　て天　あ安
さ左　き幾　ゆ由　め女　み美　し之
ゑ惠　ひ比　も毛　せ世　す寸

之に對して「以呂波之傳」は「いろは」を弘法大師の作と云ふことに異議を唱へ、「いろは」は弘法大師と勤操との合作であると主張し、更にその字源として引照する漢字も十二字を異にして居る。卽ち

伊○　呂　半○　仁　保　人○　土○　知　利　奴
流○　遠　和　加　與　多○　禮　曾　門○　乎○
奈　良　牟○　宇　爲　乃　於　久　也　末
氣○　不　古○　江　天　阿　草○　幾　由　女
美　之　惠　比　毛　セ　數○

○印を附した漢字は前掲のいろは字源と異つて居ることを示したものである。然しこの以呂波之傳」も不正確を免れない。例へば「ゐ」の假字に當る漢字を缺き、「せ」に相當する漢字の所にせと

記したるが如きをもつて見ればいろはの字源が漢字にありと結論することの不當なるを示すものである。

元來五十音にしても、いろはにしても之を吉備眞備の作とか、弘法大師の創作と考ふる所に誤がある。文字が而も斯く整つた多くの文字が一朝一夕に創作されると云ふことは決して容易なことではない文字は多く自然に發達し進化して整つて行くものである。吉備眞備や弘法大師以前に書かれた古事記や日本書紀には漢字の音と訓とを混用してある。殊にそのうちにある歌謠は一字一音をもつて倭言葉を漢字に託して寫してある。此等がその當時に使用された通用の漢字であつたと見ることが出來る。又祝詞に用ひられた文字をも參照し、此等を五十音やいろはの字源として擧げられた前掲のものと比較すればその異同を明にすること甚だ容易である。

國語の音を表はす漢字對照

	古事記の用字	書紀の用字	祝詞の用字	五十音の用字	いろはの用字	文部省令の用字 五十音	文部省令の用字 いろは
ア	阿	阿	阿	阿	安	阿	安

イ	伊	以謂伊異易	伊	伊	以	伊	以
ウ	宇	汗于宇	宇	宇	宇	宇	宇
エ	延	愛		江	江	江	衣
オ	淤意	乙憶淤於		乎	於	於	於
カ	賀迦加許可宜	餓伽箇介軻我	我可	加	加	加	加
キ	岐伎藝棄紀疑貴	岐枳企機藝氣幾	伎支	喜	幾	幾	幾
ク	久具玖	句俱區勾	久	久	久	久	久
ケ	祁氣牙《ゲ》宜《ゲ》	計鷄	氣介	箇	計	介	計
コ	碁許故其古去平胡	語顧固居誤	許	己	己	己	己
サ	佐邪《ザ》奢《ザ》	佐嗟	左佐	茶	左	散	左
シ	斯志支士《ジ》芝	嗣志珥辭之時	志之	シ	之	之	之
ス	受須	素須繻《ズ》殊儒《ズ》	須	須	小	須	寸
セ	勢世是《ゼ》	勢西筮《ゼ》齊	世	世	世	世	世

ソ	曾叙《ゾ》蘇存《ゾ》	贈曾	曾	曾	曾	曾	曾
タ	多陀《ダ》	多陀柁黨娜《ダ》儓太《ダ》	太	太	太	多	太
チ	知治遲治《ヂ》	智施泥《ヂ》	千	知	知	千	知
ツ	都豆豆《ノ》	菟都豆《ヅ》	津	圖	圖	川	川
テ	弖傳傳《デ》	弖	天氐	天	天	天	天
ト	登斗等杼杼《ド》刀多度《ド》	登渡耐劉妬苔廼《ド》	止登	止	登	止	止
ナ	那	奈那	那奈	奈	奈	奈	奈
ニ	爾邇	爾珥而	仁爾	仁	仁	仁	仁
ヌ	奴怒	怒	奴	奴	奴	奴	奴
ネ	泥	禰		禰	禰	禰	禰
ノ	能	廼	乃能	乃	乃	乃	乃
ハ	波娶《バ》婆《バ》波《バ》	波播破麼	波	半	波	八	波
ヒ	比斐肥毘備《ビ》	避比毘臂	比備	比	比	比	比

フ	ヘ	ホ	マ	ミ	ム	メ	モ	ヤ	イ	ユ	エ	ヨ
夫布夫《ブ》	弊閉部《ベ》	富本菩煩《ホ》	麻	微美彌	牟	賣米	毛母文	夜也	……	由	……	用與余
輔鶩《ブ》	覇陛珮陪	朋費	磨末莽	彌弭未瀰	務	昧妹謎梅	茂毛母	夜	……	……	……	豫譽
布	倍	穗	萬麻	美得	武牟	米咩	毛母	八夜	……	勇	……、	四與世
不	邊	保	末	美	牟	名	毛	也	……	勇	惠	與
不	邊	保	末	美	武	女	毛	也	……	由	……	與
不	部	保	萬	三	牟	女	毛		……	由	……	與
不	部	保	末	美	武	女	毛	也	……	由	……	與

ラ	リ	ル	レ	ロ	ワ	ヰ	ウ	ヱ	ヲ
羅良	理	流留	禮	呂路盧漏	和	葦	……	惠	袁遠
邏羅	利理離	盧屢	戻	盧	和	……	……	惠	廻塢烏
良	理利	留	禮	漏魯		……	……	……	乎遠
良	利	流	禮	呂	和	……	……	……	……
良	利	留	禮	呂	和	爲	……	惠	遠
良	利	流	禮	呂	輪	井	……	慧	乎
良	利	留	禮	呂	和	爲	……	惠	遠

註一、古事記と書紀とは共に歌謠に用ひられた漢字で、古事記の歌謠は全部にわたつて引照し、書紀はその大半を引照したに過ぎない。祝詞、壽詞は中臣抜祈年祭六月月次、出雲國造神賀詞大嘗祭等を引照したものである。

註二、前記表中漢字を缺いて……を附した所は原文に書いてない事を示したものである。

註三、文部省令の用字と云ふのは明治三十三年文部省令によつて現行の字體に整理された時の字源を示したものである。

前表によつて知らるゝ如く記、紀、及び祝詞に用ひられたる漢字と五十音及びいろはに用ひられた漢字とは大體に於て一致して居るといへる。けれ共之を詳細に調べて見ると差異の點も尠くない。假令五十音やいろはは假字の字源として用ひられ次の文字の如きは記紀、のうちには用ひられてゐない。安、江、乎、己、寸、圖、天、仁、乃、不、邊、保、武、名、女の如きは卽ちそれである。五十音乃至いろはは四十七音を現はす漢字が輓近に至るまで區々で而も音によらないで、訓によつたのを混用して居るが如きは五十音やいろはの字源が漢字でなく、他にある事を暗示して居ると云ふ事が出來る。漢字渡來以前に於て我が國に文字なしと云ふ一種の迷信に捕はれて居る爲に斯る混雜を來したのである。

二　片假字といろはの起原は神代の文字

前項に於て詳述したやうに片假名が漢字の偏旁から出來たものでない事が明にされた。尤も後日に至つて片假字の起原を漢字の偏とか旁とかに倚託して説明することは敢て之を拒否する譯ではない。偏旁が起原ではないことを説いたのである。然らば片假字やいろは文字の起原は何であるか之に就ては夙に見解を發表した人が尠くないが、玆には字形を示して變遷、進化の有樣を詳かに紹介することを略して、その大要を示すことに止めなければならない。

野々口隆正は平田篤胤の門人として神代文字の研究に盡力し、神字原、神字小考、神字箋等の著を公にして居る。彼は通用の片假字や、いろは文字は神字から轉訛したものであることを示すため、掌字中神箋のうちに之を説いて居る。即ち彼は「幾多ある神字をかれこれと比校し正しき體を撰み五十音にわかつて誰も今もかきつべしうつし出せりと云つて神字原に二卷に記し置いた事を前著として、五十字一つ一つに就てその文字の起原を神代文字の眞字、草字より遂に現代通用の假字と轉訛して行つた迹を示した。その末尾に「まぎらはしき體をはぶき、たゞしと見ゆるをいだせり。本書は諸體をことごとく擧げて字ごとに辯論せり」と附言した。然しながらその後に至つて彼は卜部家の傳に神字は太卜より出たる物とあり、日文傳にその考ある所から、その説に基いて字源を案出して、之に天津《あまつ》詔詞《のりとの》太諄事《ふとのりごと》の名稱を附けたものである。その文字の楷篆は思兼命の製作で、草篆は大己貴神の製作なるべしと考へて重ねて文字の轉訛變遷を一字毎に明示して居る。草書に幾多の崩し方があり、又書體、筆法にも種類がある。それと同じく神代の文字に於ても草篆には單文の草あり、復文の草あり、轉文の草あり雲烟の勢をそへたるあり。此等を適當に取入れて、現代通用の五十音假字、及びいろは假字の成立を説いた。その文字の變化して行く有樣を知らんと思ふ者は掌中神字箋を一瞥せられたい。

次に日本の古代文字研究に於ける一權威と目せられた落合直澄は「日本古代文字考」上下二卷を著はして、神代文字の起原、その種類につき詳説して居る。特に下卷に於て、我が國通用文字の傳來、轉訛を各種の假字を引證して説明した。彼は曰く、

「日本紀私記に昔より傳來の和字に由て空海伊呂波を作ると云ひ。新井白石はのへつ等は肥人書を取れりと云説に由つて考ふれば通用象字《かたかな》は豐國字、阿比留字等より出て平字《ひらがな》は通用象字《かたかな》より出で漢字の草體に混同したるもの多し。全く漢字の草體より出たるもあれど其體を和字に似せて書けり。此所に字の出所變化を聊か辨せむとす。」と斯くして現行通用の假字一字毎にその出所及び變化を説いた。之を說くに當つて、左の神代文字及びその他の假字を引用した。

神代の文字としては

（1）　豐國字古體　通例象形文字と稱せらるゝものである。又繪文字とも稱せらる。

（2） 豐國字新體　豐國字古體卽ち象形文字を一段と簡易化したもので尙一種の象形文字たる形迹を有するものである。
（3） 阿比留字眞體　日文字の眞體で所謂る肥人書として知らるゝものである。
（4） 阿比留字草體　日文字の草體で、所謂る薩人書として知らるゝものである。
（5） 通用象字古體　釋紀秘訓、私記に用ひある古體假字である。
（6） 通用象字近體　前項の假字の近代化したものである。
（7） 平字卽ち伊呂波
（8） 海篇正宗
（9） 書史會要
（10） 貫之、行成、俊賴、道風等が用ひたる假字

以上によつて現行假字卽ち片假字と平假字とを說明したものが落合直澄の假字の出所及びその變化發達を示したものである。

前述した所により現行假字は漢字の偏旁をとつて作成したものでなく、古來より我が國に行はれた各種の假字が轉訛して一段と簡易化されたものであると見るべきである。之に就て豐國字古體か

ら豊國字新體となり更に一轉して現行假字となつた迹を尋ねて、其所に假字の出所を明かにしたいのである。

次に表示する「象形文字」と云ふのは日本古代文字考の所謂る豊國字古體を意味し簡易化された文字と云ふのは同じく豊國字新體又は阿比留字眞體の意味である。

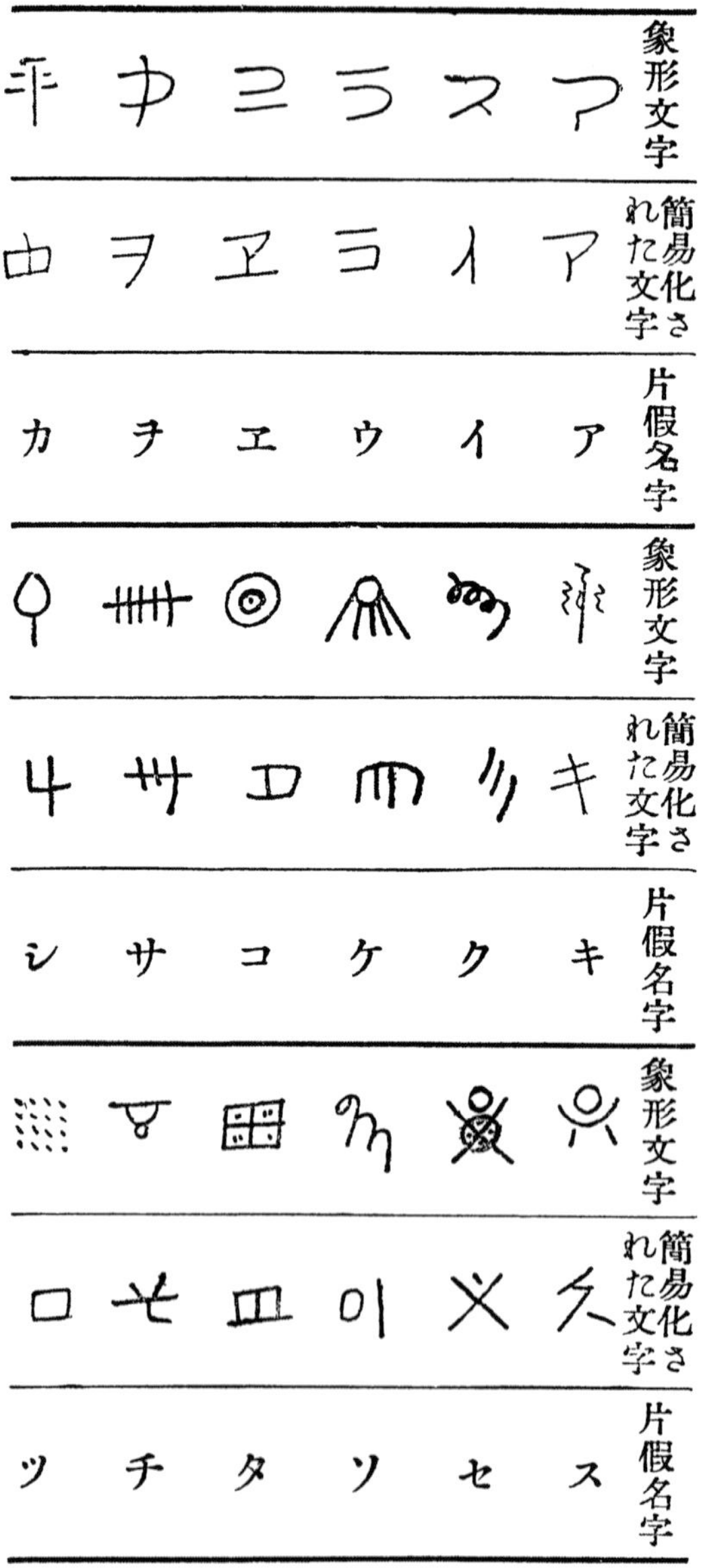

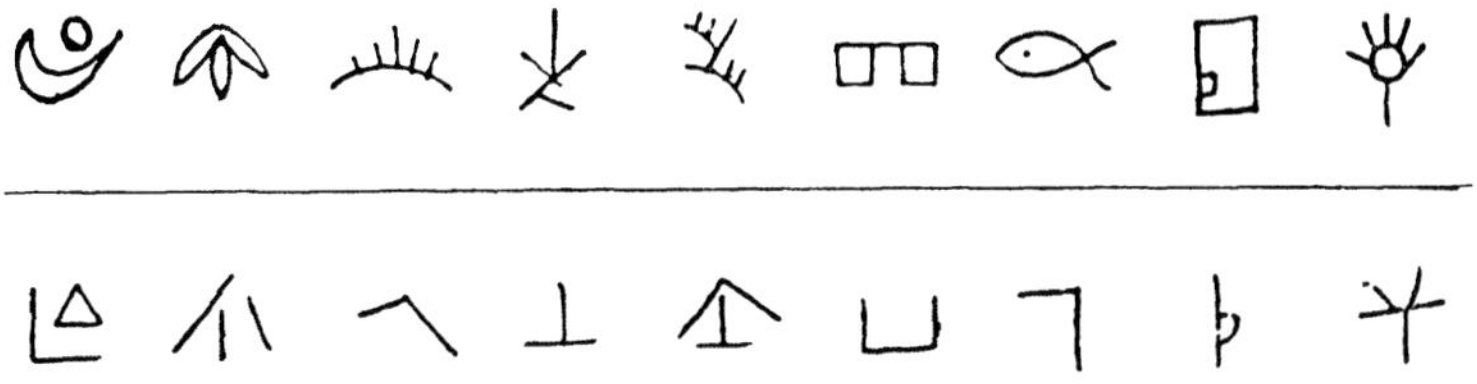

テ　ト　ナ　ニ　ヌ　ネ　ノ　ハ　ヒ

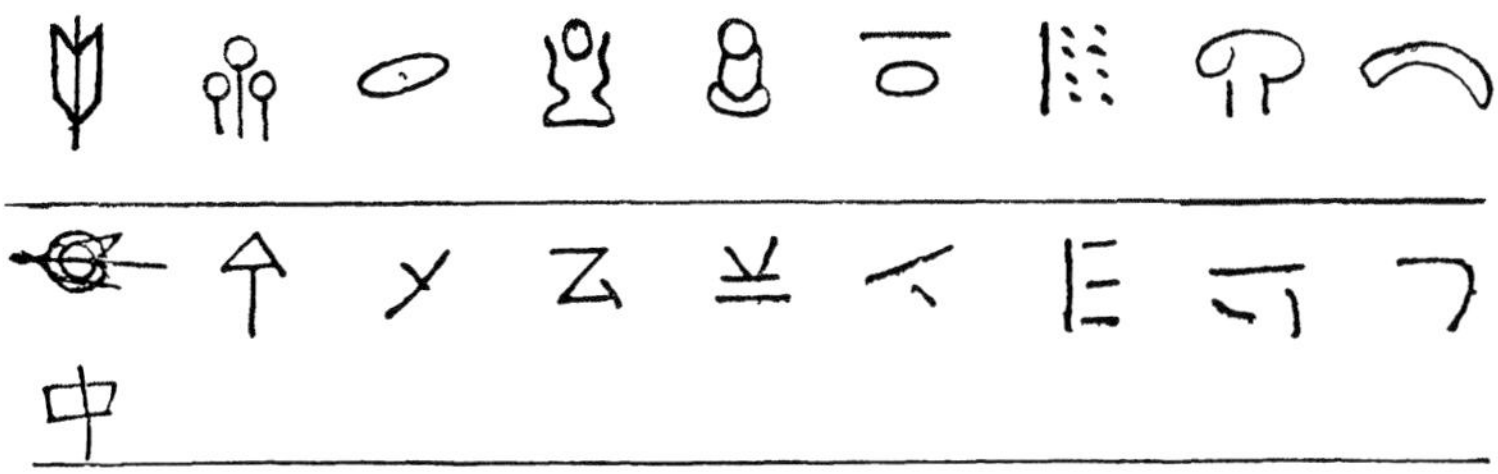

フ　ヘ　ホ　マ　ミ　ム　メ　モ　ヤ

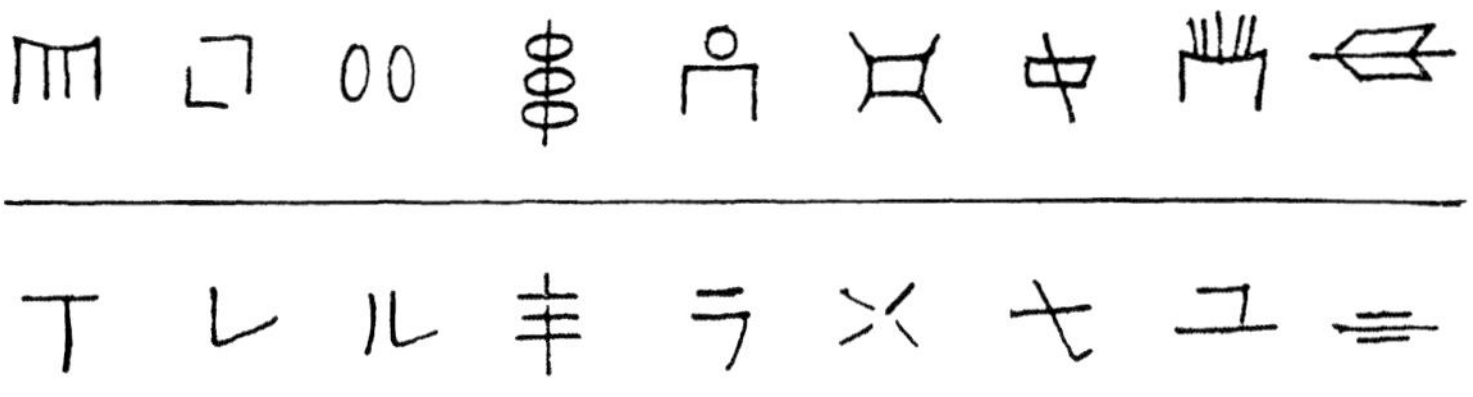

イ　ユ　エ　ヨ　ラ　リ　ル　レ　ロ

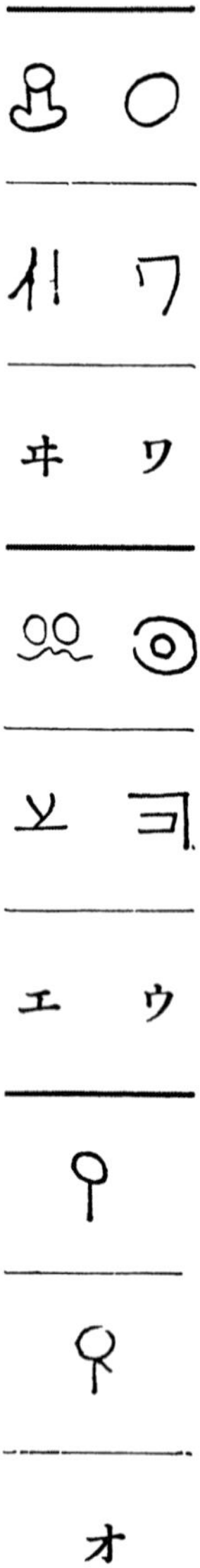

以上五十音全部を通じて一瞥すると轉訛の迹に於て甚だ自然に變遷したものと、思はるゝものと何となく不自然に感ぜらるゝ差のあることは免れない。實は現行假字となるまでには中間に於て更に數回の變遷をなしたもののあるを省略して之を簡略にした爲であるからである。我が國文字の嚆矢と稱せらるゝ象形文字は誰の創作によるものであるか、一人の作であるか或は數人の作になるものであるか今日に於ては容易に之を決定することは出來ない。傳へらるゝ所によると八意思兼尊と、大己貴尊とか文字の創作に大なる力を致せしものであると。若し斯くも古代に於て既に立派な象形文字が我が國に於て創作されたものとすれば夙にこの事が他の國にも知られて然るべきであるが、さうでないのは甚だ遺憾とする所である。此には何か地理的の理由があるか或は他に理由が存じた事であらう。世界に於て最も古く文字が認められたのはバビロニアの楔形文字、埃及の象形文字、及び支那の漢字である。此等は世界三大文字と稱せられて居る。」その一つである漢字の創作に就て考へて見ても之を確かめることは容易でない。板津七三郎氏は「埃漢文字同源考」を著はして漢字

は埃及の繪文字にその端を發して居ることを詳論した彼は「河圖洛書」の古傳說を引照して、伏義の世黃河より現はれたりと云ふ龍馬の背に負ひたる八卦の圖は、周易と洪範九疇の根元なりと云ふ。又易經河出レ圖洛出レ書聖人則レ之、又河圖玉版、倉頡爲レ常、南巡狩登ニ陽虛之山一臨レ于ニ元扈洛汭之水一、靈龜負レ書、丹甲靑文、以授ニ之帝一、文止二十八字、景ニ刻于ニ陽虛之石室一李斯止識ニ八字一、曰、上天垂レ命、皇辟迭レ王、今已不レ可レ尋矣。

此古傳說は素より神話的にして信を置き難きも之を諒解すれば多少とも參照の値あるが如し其文字は易爻文なる如く、又圖書なりと云へば漢字古文なる如く極めて曖昧なり。依て玆には單に文字と解し、又龍馬、靈龜を共に「船」と諒解するときは積載（背に負ひ）して黃河より上陸せりとの傳說とも見るを得べし。卽ち吾が海路船載移入の推定は古傳說と併考して必ずしも荒塘無稽に非るものゝ如し。」と論じて漢字の獨立發生を否定し、國外から移入されたものであると示唆して居る。

從來支那文字の起原を說く者は易八卦文を引照し、この易繫辭傳の文意をもつて伏義の八卦創作は漢字の根元であつて倉頡の象形文も之に基くものと解したのである。然し之は易繫辭傳の記事を徒らに漢字獨創說の綜合文と强解した誤謬に陷つたもので、冷靜に易繫辭傳を熟讀すれば伏義の八卦文創作記と倉頡の象形文創作記との間に、嚴然と神農の結繩政の記事を箝入してあるので明かなる通り、已に文章上二文字の別立を記述したものである。要するに漢字の象形文字は八卦文に關係なく全然別系のものであることが知られる。支那文明史研究に著名なる佛蘭西のラクプリー氏が云つたやうに、倉頡の作つた蝌蚪文はバビロニアの楔形文字の變形であるとすれば支那の象形文字の出所は船で招徠したと云ふ意味で外國であると言はざるを得ないだらう。

我が國の象形文字の出所に就てはその研究が未だ充分出來て居ない。只一部特志者の局部的研究が行はれて居るに過ぎない。そのうちにあつて陸軍少將河村圭三氏は神代文字と埃及の最古文字との間に共通點あることを認め著者に對して次の如き通信を寄せた。

「拜啓御勞作御惠送被下早速熟讀先人苦心研究の金玉を集大成し更に創見を加へ啓蒙の資とせられ候段深謝仕候。中略、又文字の論爭につきては最古代埃及と日本と交通あることを確信するものにて、

五十一音

ヒフミ神歌

右兩者は日本神代文字と埃及最古文字との研究により發音及び意義同一なるのみならず「〇〇〇〇〇〇〇等も埃及の研究により始めて光明を發する樣確信し尚此象形文字は印度にても四千七百年

前後都市にて便用せし　樣子にて候以下略」

河村氏は日本の象形文字が我が國に於て創作された事に就ては毫も疑を有つて居ない。埃及の象形文字が我が國の象形文字と相通ずるものあるは彼は我より敎はつた爲であると解するのである。氏は埃及象形文字を書き記して之を一字毎に說明するに先つて、全體について次の如く言つて居る。「日本神代文字と古代埃及文字との酷似は最古代に於て日本が五十一音の象形文字を敎示したものである。爾後埃及人は靈性乏しき結果之に滿足すること能はず相互の意志を通ずるに要する頗る多數の象形文字を製作せしが原字の大部は依然として保存され、現時パピルス及び發堀物中等に明かに之を認めることが出來る。」と

尙我が國の象形文字と埃及の象形文字とを對照してその異同を表示すれば一見甚だわかり易いのであるが遺憾ながら今之を爲すことが出來ない。五十音中二十三音は殆ど同じ象形である。漢字の象形はバビロニアにその起原を發して居ると見らるゝにも拘はらず我が國の象形文字は我が國の獨創に出で更に遠く埃及に迄その影響を及ぼして居るとすれば、我が國最古の文化圈は決して狹小でなかつた事を知ることが出來るのである。

註。埃及の象形文字中我が國の象形文字と殆ど同じと云ふのは左記のものである。此等を前揭の

我が象形文字に就て想像すれば略その見當がつく譯である。

ア○、キ、ク○、サ○、シ○、ソ○、タ、チ○、テ、ト○、ナ○、ヌ、ネ○、ノ、ヒ○、フ○、メ○、ヤ○、イ○、ユ○、ヨ○、ラ○、ヲ○、

以上のうち○印を附した十八字は全然我國の象形文字と同様である。只此等を如何なる物體に象つたかと云ふ點に就ては必ずしも同一ではない。例へば我が國では「シ」は雫を象つたものとするが埃及では軍旗を象つたものとする。「ユ」は湯氣の立つた所と思はるゝのに彼は弓を立べたものを象つたと解して居るが如きものである。

第八章　神社と神代文字

我が國に於ける神社の數は約十一萬一千社の多きに上つて居る。之を社格によつて大別すると伊勢大神宮を始として官國幣社。別格官幣社を合せて二百八社、そのうち朝鮮、臺灣、關東州、南洋に鎭座在します十社を別とすれば內地に於ける官國幣社は百九十八社。府縣社千三十一社、鄉社三千六百十社、村社四萬四千八百六十四社、無格社は實に六萬千二百六十一社である。此等多數の神社中の神社とも申すべき官國幣社中にはその建立の時期甚だ古きものも少くない。又そのうちには皇室の御尊崇一入篤く事有る每に聖上陛下親しく御參拜あらせられる神社もある。斯る神社は單に敬神崇祖の意味に於て我が國體と緊密なる關係が存するばかりでなく、我が國の歷史、傳說を物語る最も有力なる存在である。此等の神社は亦國民の社會生活に於ける中心機關でもあり、日本國民の精神生活を保育し指導しもつて之を皇國臣民として堅固なる統一結合を見るに至らしめたのは實に神社の力與つて大なるものがある。從つて我が國民が神社に對する崇敬の念は所謂る宗教の信念と其の趣を異にするものがある。宗教は信仰を同ふする事によつて同信者を團結するが、神社は我が國民をして同一祖先より出でたる同族たる自覺を深からしめもつて皇國民としての團結を强固ならしむるものである。

斯る意義を有する神社而もそのうちに於て最も由緒の深く正しい官國幣社に於て發行授與する神璽、御札等に用ふる文字に神代文字を使用しつゝあのもの四十六社に及んで居る。この外にも嘗つて神代文字を用ひたるもので今は中止して居る神社もある。この事は個人として通信によつて聞合せたに過ぎないから、更に精密な方法により適當な機關をもつて調査するならば神代文字を使用する神社は一層多きを加へる事實を發見するに至ることを信じて疑はないものである。

僅か二百社に過ぎない官國幣社に就て知り得た所をもつて直ちに十一萬一千社の多きに及ぶ我が國神社の全體に就ては如何なる結論と雖も之を爲し得べきではない。けれども一斑之美をもつて全豹を察す可しと云ふ事もある通り我が國體に卽應して奉齋せらるゝ神社であるから、その大勢を察知することは一斑をもつて全豹を知ることよりも更に自然であると見らるゝのである。府縣社以下十一萬餘社の大部分に於ても神代文字が使用されて居ると推察するのである。現に此等の神社中僅かばかりの神社而も何等の系統も順序も考ふることなく、偶々參拜した序をもつて拜受した神璽、御守等によつて知り得た所をもつてみても其等の神社は殆ど皆神代文字を使用して居る。使用しないものは反つて其の數少いと云つて宜しい程である。若し神社の全部に就て調査することが出來たら、その結果は如何なるものであるか甚だ興味多き事である。願くは國家の機關をもつて之が明かにせらるゝ日の近きにあらん事を祈つて止まない。

(1) 官幣大社の神代文字

官幣大社中神代文字を神璽、又は神寶中に用ひるものゝうち左の數社を特に御許しを願つて紹介することにしたい。

一、官幣大社　生《いく》國《くに》魂《たま》神《じん》社《じや》　（大阪市東區生玉町）

祭神。生島神《いくしまのかみ》、足島神《たるしまのかみ》。應神天皇の御代の創建なりと云ふ。御神璽は左の二種（註振假名は著者が訓みて附したるもの）

御守中符

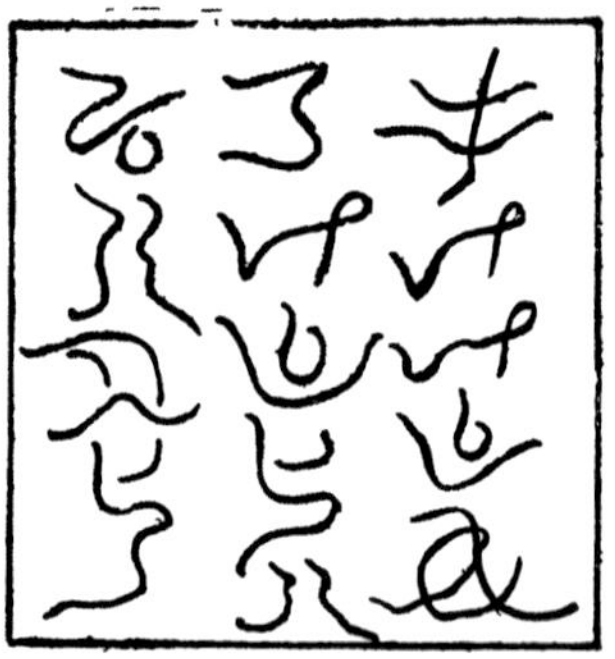

イククニサ
キクニミタ
マノカミ

二、官幣大社　大和《おほやまと》神社　（奈良縣山邊郡調和村）

祭神　倭大國魂神《やまとのおほくにたまのかみ》　八千戈神《やちほこのかみ》　御年神《みとしのかみ》

ヤチホコノオホカミサキミタマ

ヤマトノオホクニミタマノオホカミ

ミトシノオホカミクシミタマ

三、官幣大社　石《いその》上《かみ》神《じん》宮《ぐう》　（奈良縣丹波市町）

祭神　布都御魂劍《ふつのみたまのみつるぎ》

イソノカ

ミノオホ

ミシルシ

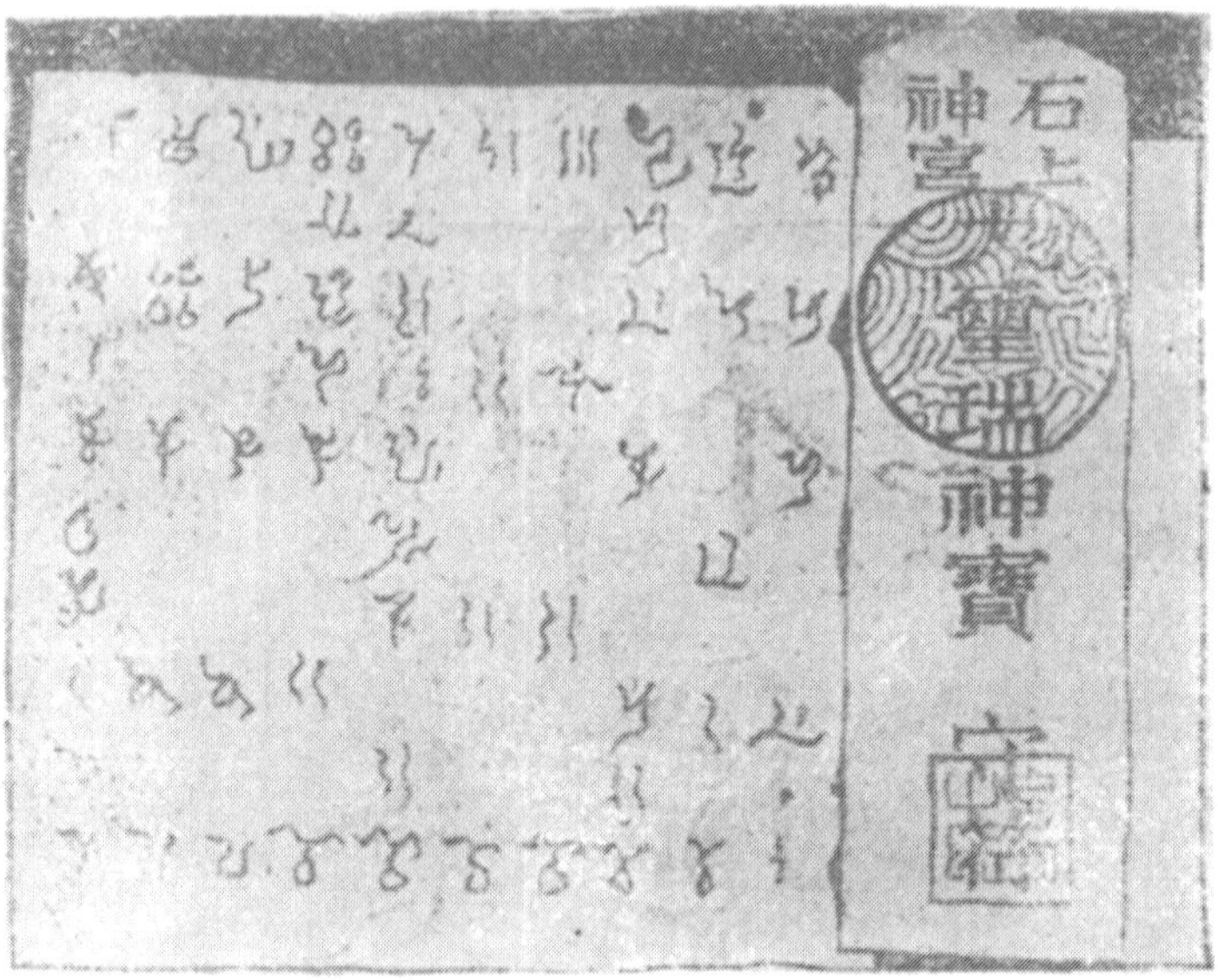

石上神宮　天璽瑞神寶　守符

オキツカヾミ
ヘツ　カヾミ
ヤツカノツルギ
イクタマ
タルタマ
マカルカヘシノタマ
チカヘシノタマ
ヘミノヒレ
ハチノヒレ
クサグサノモノヽヒレ

四、官幣大社　龍田《たつた》神社　（奈良縣生駒郡三郷村）

祭神　天之《あめの》御《み》柱《はしら》之神《のかみ》
　　　國之《くにの》御《み》柱《はしら》之神《のかみ》

アメノミハシラノオホカミ

クニノミハシラノオホカミ

五、官幣大社　枚《ひら》岡《をか》神《じん》社《じや》　（大阪府中河内郡枚岡村）

祭神　天兒屋根命《あめのこやねのみこと》、比賣神《ひめのかみ》、武甕槌命《たけみかづちのみこと》、齋主命《いはひぬしのみこと》

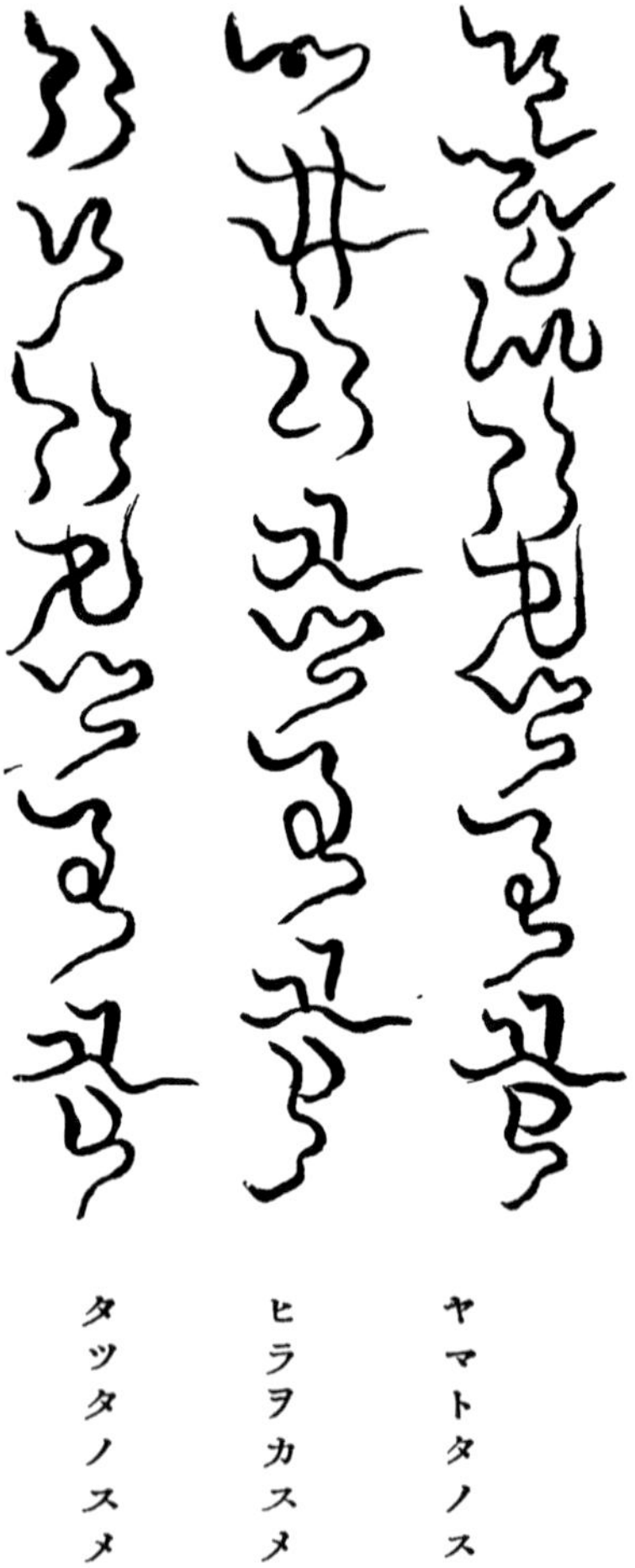

ヤマトタノスメカミ

ヒラヲカスメカミ

タツタノスメカミ

六、官幣大社　日《ひ》吉《え》神《じん》社《しや》（滋賀縣滋賀郡坂本村）

祭神　大山咋命《おほやまくひのみこと》　大巳貴命《おほあなむちのみこと》

ヒエオホミカミ

七、官幣大社　宇《う》佐《さ》神《じん》宮《ぐう》（大分縣宇佐）

祭神　譽田別尊《ほむたわけのみこと》　比賣神《ひめのかみ》　大帶姫命《おほたらしひめのみこと》

ミタマシロ

八、官幣大社　伊《い》弉《ざ》諾《なぎ》神《しん》社《しや》（兵庫縣津名郡多賀村）

祭神　伊邪那岐命《いさなぎのみこと》

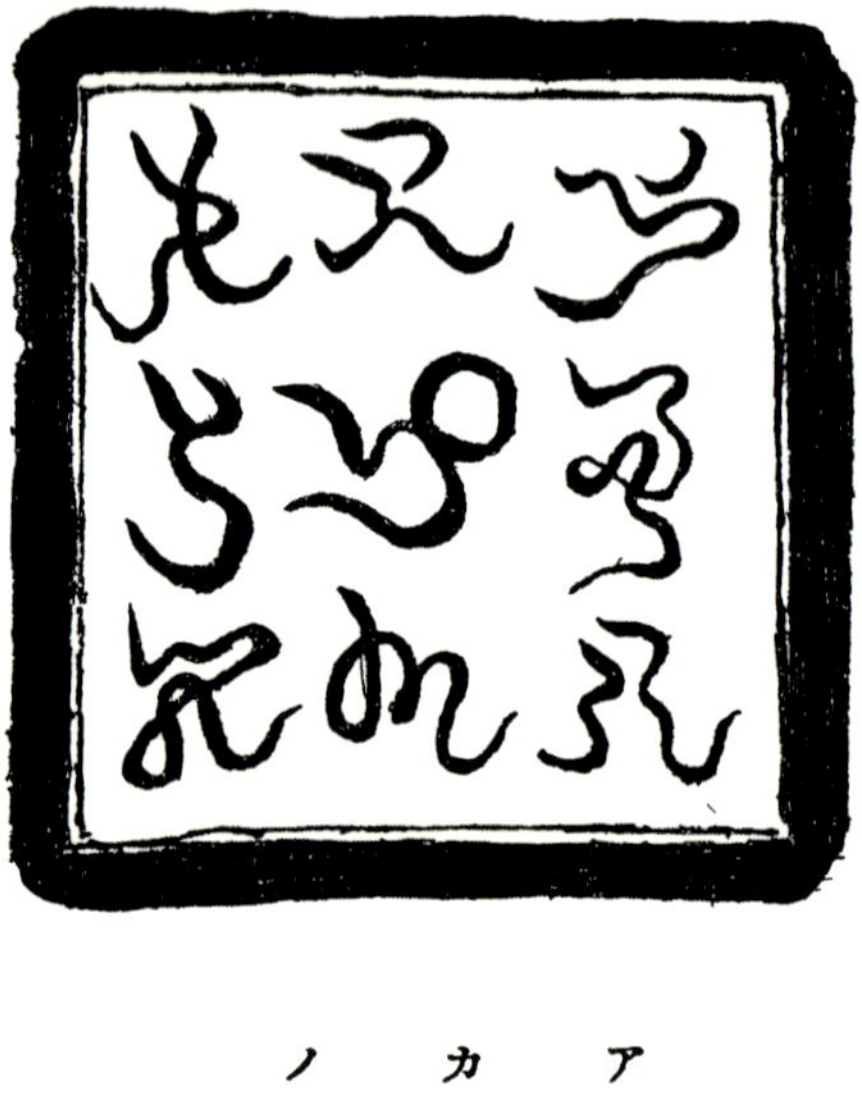

アメノ
カクリ
ノミヤ

九、官幣大社　鹿《か》兒《こ》島《しま》神《じん》宮《くう》

（鹿兒島縣姶良郡西國分村）

祭神　天津《あまつ》日《ひ》高彦《たかひこ》穗《ほ》々《ほ》出《で》見命《みのみこと》

十、官幣大社　吉《よし》野《の》神《じん》宮《ぐう》　（奈良縣吉野郡吉野町）

祭神　後《ご》醍醐《だいご》天皇《てんわう》

タカハルスメラミコト

十一、官幣大社　日《ひ》枝《え》神《じん》社《しや》　（東京市麴町區永田町）

祭神　大山咋命《おほやまぐひのみこと》

オホヤマクヒ

ノオホカミ

十二、官幣大社　月《ぐわつ》山《さん》神《じん》社《じゃ》　（出羽湯殿山）

祭神　月讀命《つきよみのみこと》

オ　　ホ

カミノミ

タ　　マ

十三、官幣大社　平《ひら》野《の》神《じん》社《じゃ》　（京都市上京區平野宮本町）

祭神　今木神《いまきのかみ》　久度神《くどのかみ》　古開神《ふるあきのかみ》　比咩神《ひめのかみ》

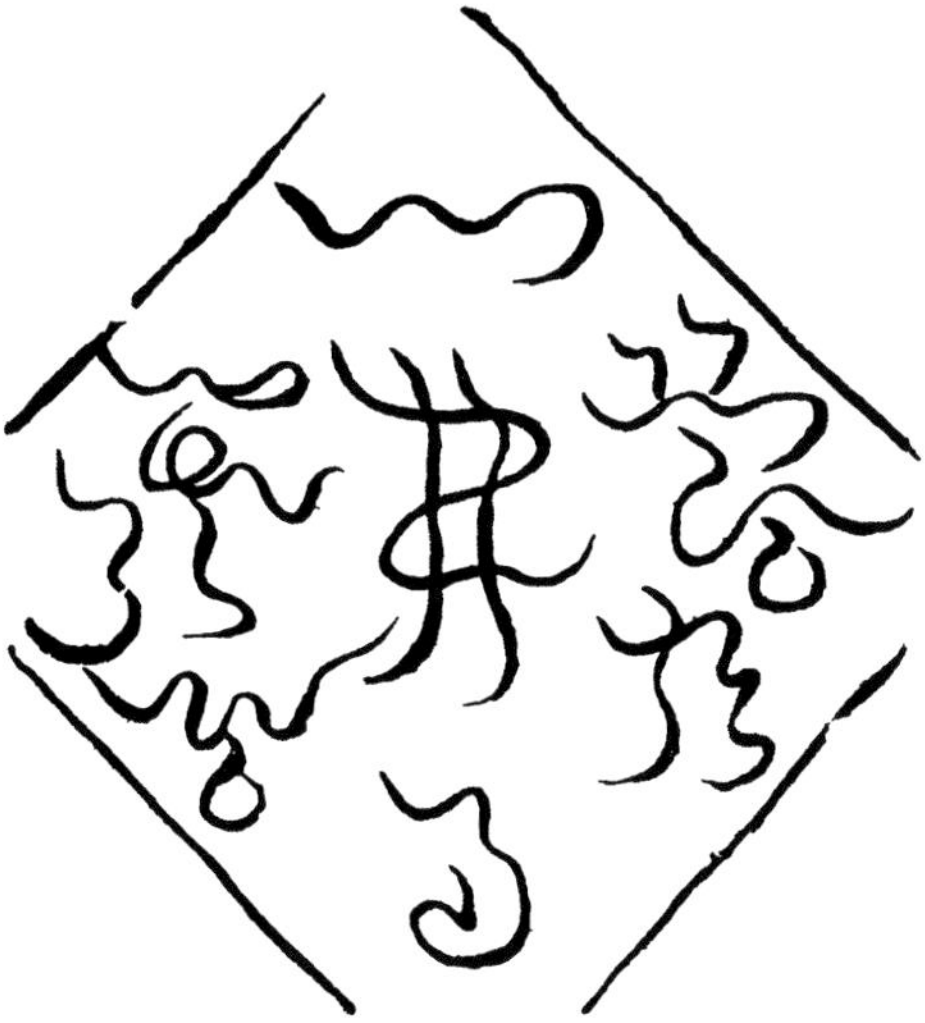

イマキノオホカミ
クトノオホカミ
フルアキノオホカミ
ヒミオホカミ

フルアキノオホカミ

十四、官幣大社　廣《ひろ》瀬《せ》神《じん》社《しゃ》　（奈良縣北葛城郡河合村）

祭神　若宇《わかう》迦《か》賣命《めのみこと》

ワカウカノメノカミ

(2)　國幣大社の神代文字

官幣大社六十社を算ふるに國幣大社は僅に六社に過ぎない。十社に對する一社の割合である。神代文字を使用する神社は官幣大社は十九社に及ぶが國幣大社は唯一社だけである。國幣大社を代表するものゝ如くに考へらるゝ神社は美濃國一宮に鎮座まします南宮神社である。

一、國幣大社　南《みん》宮《ぐう》神《じ》社《しゃ》　（美濃國一宮）

祭神　金山彦命《かなやまひこのみこと》　（伊邪那岐神の御子）

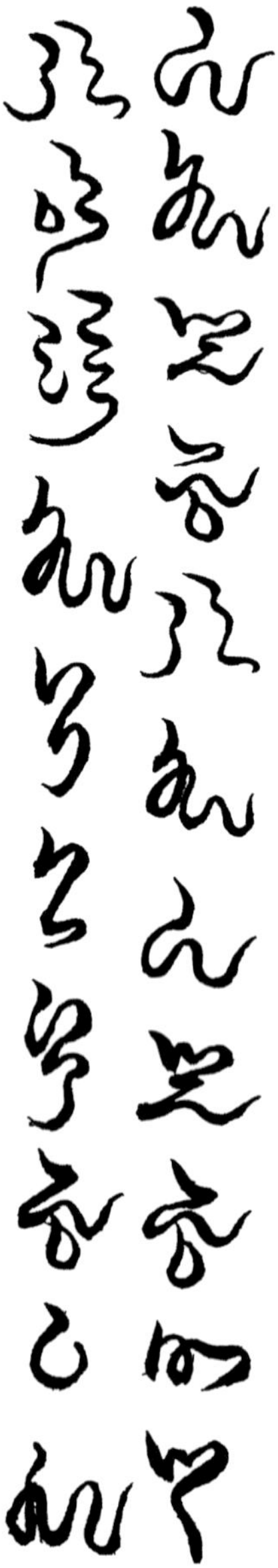

ナカヤマノカナヤマヒコ

ノオホカミスキマモリ

(3) 官幣中社の神代文字

一、官幣社中　鎌《かま》倉《くら》宮《ぐう》　（鎌倉市二階堂）

祭神　護良親王《もりながしんわう》

カマクラノオホカミ

二、官幣中社　金《かな》鑽《さな》神《しん》社《しや》　（埼玉縣兒玉郡青柳村）

祭神　天照大神《あまてらすおほみかみ》　素盞嗚尊《すさのをのみこと》

ミトシノカミ
オホトシノミオヤノミコト
ワカトシノカミ

三、官幣中社　生田神社　（神戸市下山手通一丁目）

祭神　稚日女神《わかひるめのかみ》

イツキシマヒメミコト

四、官幣中社　住　吉　神　社　（山口縣豐浦郡勝山村）

祭神　表筒男命荒魂《うはつつのをのみことのあらみたま》　中筒男命荒魂《なかつつのをのみことのあらみたま》　底筒男命荒魂《そこつつのをのみことのあらみたま》

スミノエ
オホカミノ
ミシルシ

(4)　國幣中社の神代文字

國幣中社の總數は四十六社、そのうち神代文字をもつて神璽となすもの十社。外に神代文字の神寶を藏するもの一社である。左にその大要を述ぶ。神代文字の神璽を發行授與するものは寒川神社貫前神社　伊佐須美神社　志波彥神社　鹽竈神社　大物忌神社　若狹彥神社　出雲神社　伊和神社生島足島神社　函館八幡宮　神代文字の社寶を藏するものは鶴岡八幡宮である。

一、國幣中社　寒《さむ》川《かは》神《じん》社《しや》　（神奈川縣高座郡寒川村）

祭神　寒川比古命《さむかはひりのみこと》　寒川比女命《さむかはひめのみこと》

二、國幣中社　貫《ぬき》前《さき》神《じん》社《しゃ》

祭神　經津主神《ふつぬしのかみ》

サムカ
ハノオ
ホカミ

（群馬縣甘樂郡一ノ宮村）

三、國幣中社　伊《い》佐《さ》須《す》美《み》神《じん》社《しゃ》

祭神　大毘古命《おほびこのみこと》　建沼河別命《たけぬなかはわけのみこと》

ヌキノ
サノカミ
シルシ

（福島縣大沼郡高田町）

イサスミノオホカミ

四、國幣中社　志《し》波《は》彦《ひこ》神《じん》社《しゃ》
鹽《しほ》竈《かま》神《じん》社《しゃ》（宮城縣鹽竈町）

祭神　鹽竈神《しほかまのかみ》

シホカマミハ
シラノオホカ
ミオホミシルシ

五、國幣中社　大《おほ》物《もの》忌《いみ》神《じん》社《しや》（山形縣飽海郡吹浦村）

祭神　大物忌神《おほものいみのかみ》

フタウケヒメノミコト

フタウケヒメカミ

ツキヨミカミ

六、國幣中社　若狹《わかさ》彦《ひこ》神《しん》社《しや》　（福井縣遠敷郡遠敷村）

祭神　若狹《わかさ》彦神《ひこのかみ》　若狹《わかさ》比咩神《ひめのかみ》

アマツヒタカヒコホホテミノミコト

カムトヨタマヒメノミコト

七、國幣中社　出雲《いづも》神《じん》社《しや》　（京都府南幸田郡千歳村）

祭神　大國主命《おほくにぬしのみこと》　三《み》穗津姫命《ほつひめのみこと》

イツモノオホカミ

八、國幣中社　生島足島神社《いくしまたるしまじんしゃ》（長野縣小縣郡東鹽田村）

祭神　生島神《いくしまのかみ》　足島神《たるしまのかみ》

イクシマオホカミ

ミタマシロ

タルシマオホカミ

九、國幣中社　函館《はこだて》八幡宮《はちまんぐう》（函館市谷地頭町）

祭神　品陀和氣命《ほむたわけのみこと》

スミノエノオホカミ

ホムタワケノスメラミコト

コトヒラノオホカミ

十、國幣中社　鶴岡《つるがをか》八幡《はちまん》宮《ぐう》（鎌倉市雪ノ下）

祭神　應神天皇《おうじんてんわう》

八雲立つ
出雲八重垣
つまこみに
八重垣つくる
その八重垣を

(5) 官幣小社、國幣小社の神代文字

官幣小社は總數六社にしてそのうち福岡縣筑紫郡大宰府町に鎭座の竈門《かまど》神社《じんしゃ》に一種の神代文字を使用せるを見る。祭神は神武天皇の御母神玉依姫命。

次に國幣小社は總數三十八にして神代文字を使用するは左記の九社

砥鹿神社　小國神社　駒形神社　湯殿山神社　戸隱神社　菅生石部神社　沼名前神社

忌宮神社　伊豆山神社

一、國幣小社　砥《さ》鹿《か》神《じ》社《しゃ》　（三河國寶飯郡一宮村）

祭神　大《おほ》己貴命《なむちのみこと》

トカノオホカミ

二、國幣小社　小《を》國《ぐに》神《じん》社《しゃ》　（靜岡縣周智郡一宮村）

祭神　小國神《をくにのかみ》

サキミタマ

オホナムチノオホカミ

クシミタマ

三、國幣小社　駒《こま》形《がた》神《じん》社《しゃ》　（岩手縣膽澤郡水澤町）

祭神　駒形神《こまがたのかみ》（木俣神《このまたかみ》のことであるとも云はる）

コノマタノカミ

四、國幣小社 戸《と》隱《かくれ》神《じん》社《しや》

（長野縣上水内郡戸隱村）

祭神 天手力雄命《あめのたぢからをのみこと》

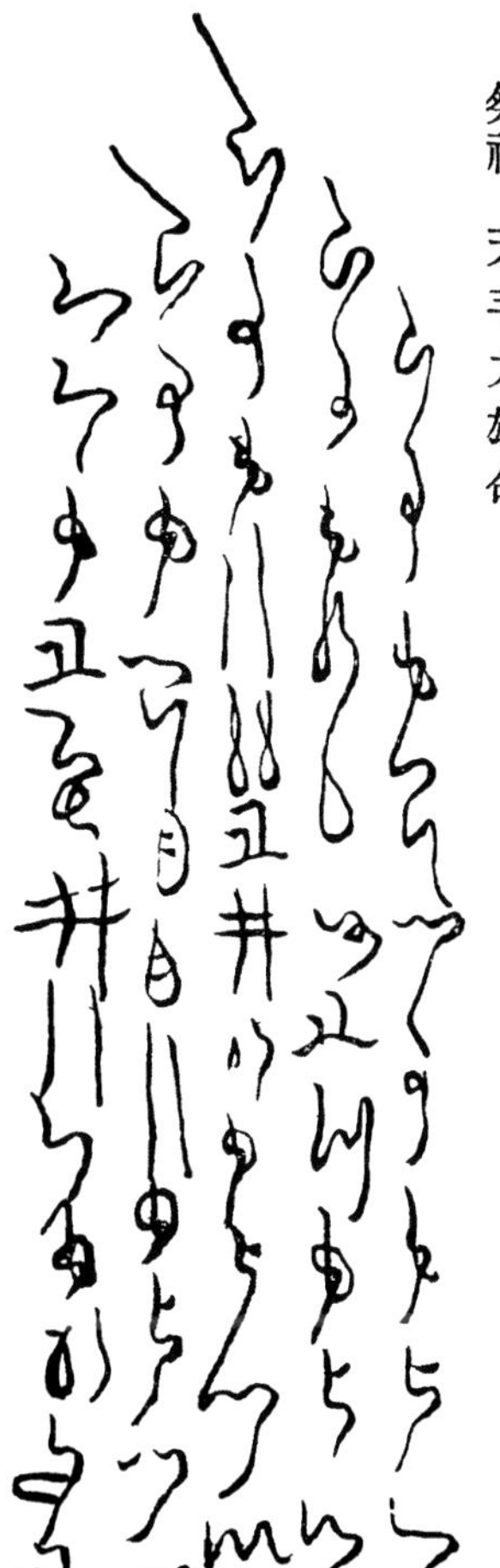

アメノウネメノミコト
アメノオモヒカネノミコト
アメノタチカラオノミコト
アメノウハハルノミコト
クニノカシラノオホカミ

ヒフミヨイムナヤコ
トモチロアハレアハ
レアナタノシアナオ
モシロアナサヤケ

五、國幣小社　菅生《すかふ》石部《いそべ》神社《じんしや》　（石川縣江沼郡福田村）

祭神　菅生石部神《すかふいそべのかみ》（菅生天神《すかふてんじん》　敷地天神《しきちてんしん》）

スサノオノミコト

六、國幣小社　沼《ぬ》名《な》前《くま》神社《じんしや》　（廣島縣沼隈郡鞆町）

祭神　大綿津見神《おほわたつみのかみ》

オホワタツミノオホカミ

ハヤセサノキノオホカミ

七、國幣小社　忌宮《いみのみや》神《じん》社《しや》　（山口縣豊浦郡長府町）

祭神　仲哀天皇《ちゆうあいてんわう》　神功皇后《じんぐうくわうこう》　應神天皇《わうしんてんわう》

ミタマシロ

八、國幣小社　伊《い》豆《づ》山《さん》神《しん》社《しや》　（靜岡縣熱海伊豆山）

祭神　火須勢理尊《ほすせりのみこと》（伊豆山神《いづさんじん》とも云ふ）

ホムスヒノミコト

(6) 別格官幣社の神代文字

二十九社を算ふる別格官幣社には殆ど神字を使用する神社はない。別格官幣社は皇臣のうち特に時の天皇に忠誠を竭した者の英靈を祀つたもので、その創立割合に新らしいものばかりである。從つて神代文字を使用しないのは寧ろ當然と考へられる。このうちにあつて只一社だけ例外的に神代文字を使用して居る神社がある。それは南朝の忠臣で神皇正統記の著者北畠親房《きたはたけちかふさ》、その長子で義良《のりなが》親王を奉じて尊氏《たかうじ》を追撃した北畠顯家《きたはたけあきいへ》、同じく親房の子北畠顯信《きたはたけあきのぶ》、及び顯信の第二子北畠守親《きたはたけもりちか》の四柱を祀る靈山神社である。

別格官幣社　靈　山　神　社　（福島縣伊達郡靈山村）

祭神　北畠親房　北畠顯家　北畠顯信　北畠守親

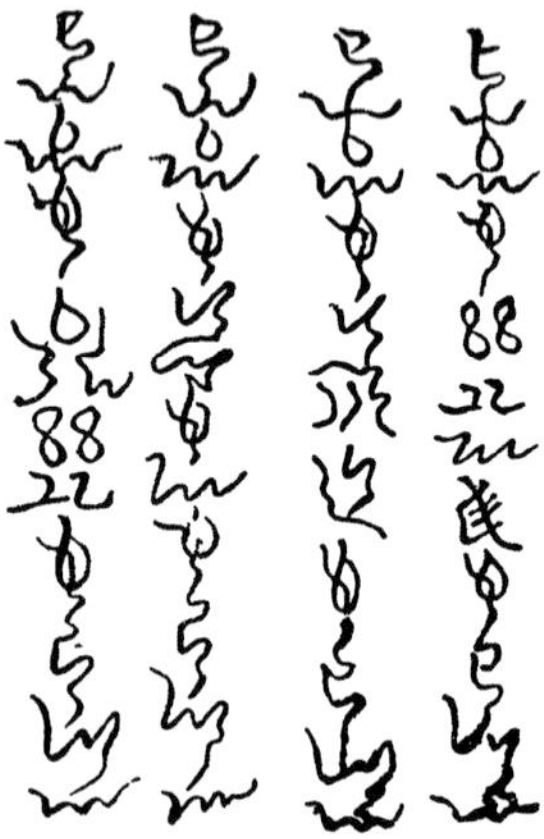

ミナモトノチカフサノミコト

ミナモトノアキイヘノミコト

ミナモトノアキノブノミコト

ミナモトノモリチカノミコト

(7) 其の他の神社

府縣社、郷社、村社及び無格社に至つてはその數甚だ多く未だ全部にわたつて神代文字を使用する神社の有無を調査する迄に至つて居ない。只僅かにその一小部分につき知り得たる所だけに就て推察するに此等の神社に於ける大部分は神璽、御札等に神代文字を使用しつゝあるものと思はれるのである。斯る事情なれば神代文字を掲ぐることは省略して、之を使用しつゝある神社と地名とを記し、自ら調査研究を志すものゝ便に供することゝした。

東京市内に於ける神社

千駄谷　鳩森八幡宮　本郷　根津神社　市ヶ谷　龜岡八幡神社
芝　琴平神社　飯倉　鹽竈神社　淀橋　十二社
牛込　筑土八幡神社　芝　愛宕神社　目黒　大鳥神社
石神井　嚴島神社

神奈川縣に於ける神社

藤澤　龍神社　葉山　森戸神社　大山　阿夫利神社

鎌倉　權五郎神社・　三崎　海南神社　浦賀　叶神社

埼玉縣

櫟木平　天神神社

長野縣

上伊那赤穗　大御食神社

穗高神社奥宮

山梨縣　產神御崎大神

陸前國牡鹿郡金華山、黃金山神社

群馬縣　榛名神社

甲州吉田　淺間神社

靜岡縣　三島神社

新潟縣中蒲原郡中島村若一王子嚴神社

等である。此等のうち特に左の二社の神字は之を掲げることにした。

一、阿夫利神社

祭神　大山祇大神

大雷神

大山祇大神

高龗神

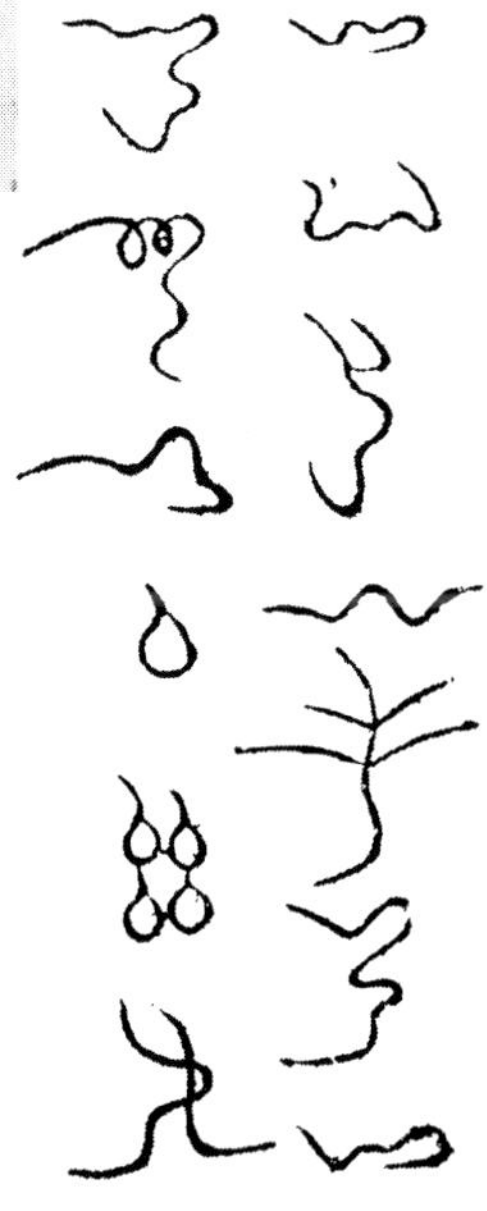

二、天岩戸神社　（日向國高千穗）

祭神

此の神代文字は最も古きものゝ一種で多くの象形文字を混用してあることはその證と云ふべきである。之を正確に訓むことは容易ではないが、研究の結果左の如く訓むべきものであることを知つた

それ　みきみか　みつみか
みけみかと　おほえ　これ
うつはわ
ほのあかりのみこと　これのあめのいわとにこもりますときの　あそひの　そなえに　まつる
一とつの　おゝみかどみわすめおゝみかみのみたま　してあめのいわとにのこし　もちいだし
ゝなるを　あめのいわひやの　これのきしに　いわもて四ひらにたてゝ
かくしおくなり

更に之を漢字交りに書き直ほすと。

それ御酒甕《みきみか》　水甕《みつみか》
御食甕《みけみか》と　大柄《おほえ》これ
器《うつは》わ
火明命《ほのあかりのみこと》　此《こ》の天岩戸《あめのいわと》

に籠《こも》り坐時《ますとき》の遊《あそび》の
供《そなえ》に奉《まつ》る一《ひとつ》の大御鏡《おほみかゞみ》は
皇大御神《すめおゝみかみ》の御靈《みたま》して天之《あめの》
岩戸《いわと》に殘《のこ》し　持《も》ち出《い》だしゝなるを
天之《あめの》岩屋《いわひや》の此《これ》の岸《きし》に石《いわ》
もて四《よ》枚《ひら》に立《た》てゝ
隱《かく》し置《おく》くなり

（この文中の假名遣は原文の儘である）

前掲の神代文字を吉良義風は左の如く譯したとは天之岩戸神社より聞く所である。

夫御酒瓺水瓺御食瓺
〇〇是ノ器ハ
火之明之尊是ノ天之岩戸ニ籠坐時ノ游ノ
供ニ奉ル一ノ大御鏡ハ皇太御神ノ御靈ト
爲テ天之岩戸ニ遺シ持出シヽナルヲ天之
岩屋戸ノ此地ノ岸ニ石以テ四枚ニ立テ隱

シ置也

又、陸軍歩兵中佐末松四郎氏は左の如く譯した。

石鏡刻文

夫《それ》御《み》酒《き》甕《みか》　水甕《みつみか》
御《み》食《け》甕《みか》と　大瓮《おほべ》　この(ン)
うつはは
火《ほ》の明《あか》りの三子《みこ》此《こ》の天《あめ》の岩戸《いはと》
にこもりますときのあゆびのそ
なへにまつる一とつのおほ(オ)鏡は
すめおほ(オ)みかみのみたまとしてあめのい
は(ワ)とにのこしもちいたし、なるをあ
めのいはひやのこちの岸に岩も
て四ひらにたて
かくしお
くなり。

第九章　神代文字と宗教

(1)　ヒフミは神歌

神社は宗教であるか、否かは、決定して居るやうであつて而も尚未決定の問題として居る者がある。政府の立前としては神社は宗教でないと規定してあるから、極めて明瞭である。處が一部學者間に於ては神社に於て執行する行事が純然たる宗教行事と見做すべきものがあるので神社は宗教なりと主張し、若し之を宗教に非ずと云ふならば、宗教的行事を神社の行事より削除すべきであると迫る。之に對して政府は神社の行事はその淵源する所遠く神代より傳承したるもので、今更之を削除するが如き事は出來ないと應酬して居る。斯る次第であるから或ものは神社は宗教にあらずと云ひ、他のものは之を宗教なりと見做して居る。神社そのものが宗教であるかどうかは別問題として、神社に於て發行授與して居る神璽、御札、又は御守は宗教的のものであることは誰も疑はない所である。此等が宗教的たることは神璽、御札、又御守が皆神の御靈代として授與せられ、之を受くる者は之を身に帶びる事によつて神の加護が得らるゝと信ずる信仰によるのである。よしや之を受くる者に左程の信仰がなくても與ふる神社に於ては神の加護ある事を信ずるのである。

神璽、御札、御守が宗敎的のものたる事はそれに用ひられたる文字が神代文字たる場合に於て一層明かである。抑も神代文字は神代に於て行はれた宗敎行事に際して謠はれた、神歌の歌詞を文字に表はしたものであるから文字に書き現はされない前に於て、文字に現はさるゝ言葉そのものが宗敎儀式に用ひられたものである。而もそれは儀式中に於て重要なる役割をなしたるものである。獨逸人ケムペルマンは「神代の文字」と題する論文中に神代文字が宗敎的であると次のやうに言つて居る。

「神代文字はかくして宗敎的性質を有することは今日まで發見せられたるものによりて其然ることを知るを得べし。人によりては神代文字はアルフアベットなりといふも、勿論アルフアベットに相違なし。されど之は單にアルフアベットにあらずして宗敎的歌なり。ヒフミの最初の十三文字は數に關する文字なり。天宇受賣命が天の岩戸の前にて謠ひたるはこのヒフミなり。其爲め今も尙神社にては神前に之を謠ふ。その謠ひ樣はヒト、フタ、ミヨ。イツ、ムユ、ナナ。ヤ、コ、ノ、タリ。モヽ、チ、ヨロヅ。にて宗敎的歌たるは確實なり。(中略)

神代文字が宗教的意味を有せしことによりて日本には神代より日本特種の純粋の文字ありし證據なり。卽ち神道の教義は全く純日本的のものにて外來のものにあらず。」と之によつて知らるゝ如く「ヒフミ」は神歌として神世に於て謠はれたもので、之を謠つた最初の神は天宇受賣命であつた。記、紀によつて其の當時の情勢を一瞥することにし、宗教的意義を更に一段と明にしたい。

(2) 天照大神の天石窟籠り

素盞鳴尊は父伊邪那岐尊の言依ざし給ふた所の海原を知さずして、僕は妣の國、根之堅洲國に罷らむと欲ふと哭きいさち給ふたので遂に父神の忿怒に觸れ、神やらひにやらはれ給ふ事となつた。斯くなる上は、高天原なる天照大御神の御許に參上して御暇請をしたいと云つて、上らるゝ事となつた。その勢すさまじく天地も震動せんばかりだつたので、天照大御神はその志を疑はれ、或は國を奪はむとの意圖を藏せらるゝにあらざるかと欲はれたので、凛々しく武裝して御待受けになつた。素盞鳴尊を御覽になるや直ちに詰問して、何のために上り來ませるやと。尊は之に答へて、僕は毫も邪き心なし。今回妣の國に往きたい事を欲つて大御神の事依さし給ふ所に従はなかつたので、神やらひにやらはれたから、御暇請のため參上したので、決して異心などは御座いません。その證明として子生みの誓約をなし、若吾が生めらむ是れ女ならば、則ち濁《きたな》き心ありとなし、若男ならば則ち淸き心ありとなし給へと。斯くして天照大御神は素盞嗚尊の劍を物根《ものだね》として三女神を生み給ひ、素盞嗚尊は天照大御神の、みすまるの珠を物根として五男神を生み給ふた。此所に於て素盞嗚尊は誓約の通り男神を生み給ふたので淸き心で參上された事が明になつた。

表面上素盞嗚尊は男神を產み、天照大御神は女神を御生みになつた事になつて居る。然るに天照大御神は子生みの爲に用ひられた物根《ものだね》によつて生れた神の所屬を定められたのである。卽ち三女神は素盞嗚尊の劍によつて生れなさつたのであるから、素盞嗚尊に屬し、五男神は大御神のミスマルの珠によつて生れ給ふたのであるから天照大御神に屬せらるゝ事になつた。斯る關係から素盞嗚尊は古事記に記してあるやうに、

「我が心淸明き故に、我が生めりし子、弱女を得つ。此に因りて言さば、自ら我勝ちぬと云ひて、勝さびに」思ひあがられて種々の亂暴を敢てなされたのであつて。卽ち天津罪と稱せらるる暴行がそれであつて、大神が作り置かれた田の畔を斷つたり、溝を埋めたりして大事な農耕に關する妨害をなさつたばかりでなく、神嘗祭を行はうとして折角新に用意された宮殿に屎をまり散したりなさ

れた。然しすべてを善意に御解しになる溫厚寛大の德を備へられた大御神は畔を斷つたり、溝を埋めたりなされたのは田、になるべき地を、畔にしたり、溝にするのは惜しい事だと思つてされた事であらう。屎をまり散したことは、實は新殿にて酒に醉ひし爲嘔吐にても吐きたるものだらうと云つて深く之を責め給はなかつた。思ひ上られた弟の尊は大御神の御處置なさらぬのを善い事にして一層其の暴擧が烈しくなつた。

天照大御神が忌服屋《いみはたや》に坐しまして、神御衣《かむみえ》を織らしめたまふ時に、素盞鳴尊は其の服屋《はたや》の頂《むね》を穿つて天の斑馬《ふちこま》を逆剝ぎに剝いて墮し入れなさつたので、其時織機の上にあつて神御衣《かむみそ》を織つて居た天衣織女《あめのみえおりめ》は大に驚き、梭《ひ》に陰土《ほご》を衝いて死んで了ふやうな悲慘事が起るに至つた。此所に於ては流石に寛容なる天照大御神も最早忍び給ふ事が出來ないと思召し給ふたものと見え、遂に天石屋戸に籠り給ふ事となつたのである。玆に於て世は常闇となつた。

(3) 天石窟開き

高天原、葦原中國を照らす唯一の光明にましました天照大御神が天石屋戸に隠れ給ふたので世は常闇となり惡神が跋扈するので、何とかして一刻も早く天照大御神の御出現を願はねばならぬ事を痛感する所から、八百萬の神たちは天安之河原に神集ひに集ふて玆に一大會議を開催なさる事となつた。本會議の指導の大任を負はれたのは八意思兼神《やこころおもひかねのかみ》であつた。此の神は智惠が衆に勝れ、如何なる事でも考へ當てぬ事はなく、諸神の思ふことを一人で兼ね持つと云ふ貴い神で、深思遠謀の神であつた。皇孫瓊瓊杵尊が葦原中國に降り給ふ時に天照大御神は特別に思兼神に詔りたまうて「思兼神は前の事を取り持ちて政を爲よ」との事であつた。此の神は皇謨を輔翼し奉る最高の使命を負はせられた大宰相とでも申すべきかたであつた。此の神が深く謀り、遠く慮りて本會議に於て取極め、實行せらるゝに至つた事は次の事柄であつた。

一、常世の長鳴鳥（鷄）を聚めて互に長鳴せしめる事。鷄鳴曉を報ずるやうに常闇の夜の帷が擧げられることを告げしめる。

二、鏡の製造。天安之河上の天の堅石を取り、天の金山の鐵を取つて鍛人《かぬち》天津麻羅《あまつまら》を求め、伊斯許理度賣命として鏡を作らしめた。

三、八尺の勾璁《まかたま》の製造。玉祖命に科せて八尺の勾璁之五百津《いほつ》の御須麻流之珠《みすまるのたま》を作らしめた。

四、太占《ふとまに》の卜事《うらこと》。天兒屋命、布刀玉命を召びて、天香山の眞男鹿《まをしか》の肩を内拔《うつぬ》きに拔きて天香山の天波波迦《あめのははか》を取りて占合まかなはしめた。

五、根こじの眞賢木《まさかき》に珠や鏡を取り懸ける。上枝《ほつえ》に玉、中枝《なかつえ》に鏡、下枝に丹寸手《にきて》、此の種々の物は布刀玉命が取り持つた。

斯く準備が出來た上に於て天兒屋命は太祝詞《ふとのりと》を禱き白した。然し天照大御神をして天石屋戸を排して出でまさしむるには此等以外に特種の計畫が必要であつた。その點が思兼命か苦心し給ふた所である。苦心の結果實行されたのは天照大御神が怪しと思はるゝやうな奇想天外より落つる程ものであつた。卽ち天宇受賣命が日陰の葛《かつら》を襷《たすき》にかけ、眞析《まさき》の葛《かつら》をもつて鬘《かつら》として髮をかざり、小竹《こたけ》の葉を手に持ち、胸部を露出して乳房を掛き出て、裳緒《もひも》はだらしなく之を香登《ほご》のあたりに垂れ、一見如何にも奇異の觀を呈する身なりをして伏せた桶《うけ》を踏み鳴《なら》しつゝ調子を取つて謠ひ舞ふ樣であつた。此所に神秘の扉を開く大切な鍵が秘められてある事が窺はれるのである。

日本書紀にも古語拾遺にも古事記と同じやうに天宇受賣命が異樣の服裝をして天石窟戸の前に立つて俳優《わきをき》し、歌ひ舞つたことを記してある。此所に「歌ひ」とあることに注意を要する。何を歌ひなすつたのであるか、その歌詞は何であつたか。而も其所に集ひなすつた八百萬の神たちが齊しく相和して歌つたものと思はるゝのは、「相與に歌ひ」とあるによると知らるゝ所である。一同は大に歌ひ興じたものと思はれる。

天照大御神が天之石屋戸に籠り給ふたので急に闇黑の世界となつたので、八百萬神たちが非常に憂慮し、殊に惡神の横行を防止する爲には一刻も早く大神の出現を願はねばならぬと云ふ大事を前にして、天宇受賣命が異樣な態《なり》をして歌ひ且つ舞ふ事は事態に適應しないやうに考へられる。然しそこが思兼命の深慮遠謀のある所である。問題はどうしても天照大御神をして自ら天石屋戸を御開きになるやうに御導き申さねばならぬのである。之が爲には尋常一樣の手段では大御神をして外部の樣子を窺ひ覗かしめ奉る事は出來ない。そこで一見馬鹿氣たやうな態をして歌ひ、舞ふ所から一同どつと笑ひ興ずるので、石屋戸のうちに籠られた大御神の御不審を買ふに至つたのである。書紀によれば、天照大御神はそのどよめき、えらぐ聲を聞こしめして疑問を抱き給ふたのは、大神が石窟に閉ぢこもつて以來豐葦原の中國は長夜の闇黑の筈なのに何ぜ、天宇受賣命は斯くも歌ひ舞ふやと云ふ事で、その疑問を御解きになるため、御手をもつて岩戸を細目に御開けになつた。其の機會を待ち構へて居た手力雄命が天照大神の手を奉承《とりまつ》りて引き出し奉つた。

此所に於て豐葦原の中國は再び晴れ渡り、群神の面は白くかゞやいた。そこで群神は喜びのあまり、思ふさま手を高く差し伸して歌ひ舞ひながら次のやうに一齊に聲を揃えて合唱されたと古語拾遺は傳へてゐる。

あはれ
あなおもしろ
あなたのし
あなさやけ
おけ

之は再び日の大御神を御迎え申上ぐる事の出來た喜びを歌つたものでありますが、この外に、石屋戸の內に閉ぢこもつて居たまふた大御神をして聽き耳立てしめ申した歌、即ち群神と共に天宇受賣命が歌ひ舞つたところの歌は何であつたか。その歌は天照大御神をして天石屋戸の內から出でしめ奉るのに多大の關係を有する歌である。然るにその歌詞は記、紀にも古語拾遺にも明記してない。只伏せたる桶を踏みとゞろかしながら歌ひ舞つたとあるのみである。古語拾遺は「歌樂《あらきあそ》ぶや」と云つて歌ひ樂むことを明かにして居る。

(4) 「ひ ふ み」の 歌

神歌の歌詞は舊事本紀によつて之を察知する事が出來る。舊事本紀によれば皇祖の神々が高天原にましまして、皇孫瓊瓊杵尊をこの國土に君臨せしめ給ふ時、尊の御兄君にます饒速日尊に十種の神寶を授けて、皇孫瓊瓊杵尊に先つて、大和の國へ御降しになつた。三種の神器に君の御道が諭されてゐるごとく、十種の神寶には臣下として君に仕へ奉る道が敎へられてゐる。

神武天皇紀元辛酉年十一月の條に左の如く記してある。

「十一月丙子朔庚寅、宇麻志麻治命、奉レ齋二殿内於天璽瑞寶一奉爲二帝后一崇二鎭御魂一祈二禱壽祚一所レ謂御鎭魂祭自此而始矣。凡厥天瑞謂二宇麻志麻治命先考　饒速日尊自レ天受來天璽瑞寶十種是矣。所謂瀛都鏡一　邊都鏡一　八握劒一　生玉一　足玉一　死反玉一　道反玉一　蛇比禮一　蜂比禮一　品物比禮一是也。天神敎導若有二痛處一者令二茲十寶一謂二一二三四五六七八九十一而布瑠部由良由良止布瑠部。如レ此爲レ之死人返生矣。卽是布瑠之言本矣。所レ謂御鎭魂祭是其緣矣。其鎭魂祭日者猿女君等率二百歌女一擧二其言本一而神樂歌舞　尤是其緣者矣。

之を譯すれば左の如し

かのと酉年十一月ひのえ子の朔日かのえとらの日、うましまちの命、殿のうちに天つしるしの瑞の寶を齋ひ、帝、后の御爲に御魂を崇め鎭め聖壽の祚ひを祈禱る、所謂る御鎭魂《みたましづめ》の祭此より始まれり。それ天つ瑞寶はうましまちの命の先考饒速日の命が天より受け來れる天璽瑞寶の十種是なり。所謂る、をきつ鏡一　へつ鏡一　生玉一　足玉一　まかるかへしの玉一　ちかへしの玉一　蛇のひれ

一　蜂のひれ一　くさぐさの物のひれ一　是なり。天つ神敎へて導《の》りたまはく、痛む處あらば玆の十の寶をしてひふみよいむなやこと丶謂ひふるへゆら／＼とふるへ。此の如く之を爲せば死人も生き返らむ、卽ち是その緣のもとなり。所謂る御鎭魂祭《みたまふりの》是その緣のもとなり。其の鎭魂祭の日は猿女の君等百の歌女を率ひて、其の言の本を擧げて神樂を歌ひ舞ふは是れ其の緣《もと》なり。」と。之によつて知らる丶如く「ひふみ」は神前に奉納さる丶歌の歌詞であつて天石屋戸開きに奉仕した天宇受賣命よりその後裔に傳はつて居る。

此の「ひふみ」が「ひふみ」四十七音を歌つたものか、それとも單に十音だけを歌つたものかと云ふ點に就ては神宮敎の敎資に充てられた「日文問答」に次の如く說いてある。

問、一《ひ》より十《と》までを歌ひしのみなりや

答、否ヒフミ四十七音皆歌ひしなり

問、其確證ありや

答、天皇本紀に布瑠之《ふるの》言本《こともと》といひ又　猿女君等率二百歌女一擧二其言本一而神樂シ歌ヒ舞フとある言本是なり。

問、言本とは如何なる義にや

答、言語數十萬言ありといへども言語の本は四十七音なれば「ひふみ」の咒文を指して言本といへり

問、天皇本紀には一より十までを載せて何故に四十七音を落なく載せざるや

答、此書編輯の頃は皆人の知れる語なる故に始を載せて後を略けるか或は秘して載せざるか或は神寶十種の數によりて十までを載せたるか何れにもさる故あるべし

以上によつて知らるゝ如く、今日も尙、神社に於ては神前に之を謠ふのは、天石屋開きに於て謠つた天宇受賣命より傳はり來つたもので、其歌詞は「ひふみ」四十七音であつたのである。此の「ヒフミ」四十七音を書き現はしたものが神代文字四十七字である。「ひふみ」の音をとつて此の神代文字「日文字《ひふみ》」とも稱するのである。

(5)　ひふみの唱へ方

神樂し歌ひ舞ふとある時に歌ふ、この歌詞ひふみを如何に唱へるかと云ふに、之を「ひとふたみよ」と云ふ風に唱へて單に「ひふみよ」と唱へない。之は如何なる譯であるか。尙又普通は最初の一部のみを唱へて「ねしきる」以下を唱へないのは如何なる理由によるのであるか。此等に就ても

亦「日文問答」に明記してある。
問、數名とする時は何故にひとふたと他の音を添ふるや
答、一音のみにては語路に於て善からざることある故なるべし
問、鎮魂式に一より十までを一音によみし證ありや
答、年中行事秘秒に一説にヒフミヨイムナヤコトと訓むとあり
問、平常ネシキルより以下を唱へて其以上を唱へさせざるは如何
答、ヒフミヨイムナヤコトモチロは數字にあてゝ庶民をして自ら唱へしめてある神慮を慮りて常はネシキル以下を唱へしむるなり
問、此ヒフミを咒文といひしことありや
答、元々集神祇本源等にしかいり
問、ヒフミを誦讀して如何なる結果ありや
答、第一神靈を慰め萬の災をして幸にかへさずといふことなし
之によつて明かなるごとく、「ひふみ」は神樂歌として之を謠ふ場合は語路の關係で、ひふみが數の名である所にも意味を有たせて、ひとふたみよ。いつむゆなゝ。やこゝのたり。もゝちよろづ。

と謡ひ、又場合によつては他の音を加へず單に一音だけで謡ふ、卽ち「ひふみよいむなやこもちろ」といふのである。場合によつて唱へ方は異つても「ひふみ」の本質に變りなく、其の音に一種の不思議な力が秘められて居る。我が國が言靈《ことにま》のさきはふ國であることが「ひふみ」の唱歌によつて之を知ることが出來るのである。天宇受賣命が之を唱へ謡つた結果として天照大御神が天石屋から御出ましになつたのは恐多い事ながら、言靈の力が働いたゝめであつたと申すべきであらう。

(6) 言靈

言靈を說くには先づ山上憶良が歌つた好去好來の歌を引照せねばならない。(萬葉集)

「神人より云傳てけらく虛見つ、倭國は　皇神の　いつくしき國　言靈のさきはふ國とかたり繼ぎいひつがひけり」とある如く、我が國は言靈のさきはふ國である。更に柿本人麿は

志貴島の倭國はこと靈の佐くる國ぞ眞福《まさき》く在りこそ

と歌つて居る。皇國日本は特に言靈に惠まれた國である。國號の一つとして「言靈の幸はふ國」と稱せらるゝは之が爲である。

言靈《ことたま》は「まこと靈」であるまことの「こと」は「言」でもあり「事」でもある。それで、まこと

は「眞言」であり、又「眞事」である。「言」は「事」であるといへる爲には、言つた言は必ず之を行ふて言行の一致を示さねばならないのである。

まことは抽象的の非人格でなく、人格的の誠心である。言靈は言葉によつて現はれ、言葉は人によつて語られるのである。誠心、卽ち赤き心、淨き心、正しき直き心をもつて語る言葉に言靈がある。言靈の宿れる言葉に力があり病を癒やし、起死回生の奇蹟をすら現はす事がある。これは問答にある通り「ヒフミを誦讀すると第一神靈を慰め萬の災をして幸にかへさずといふことなし」と云ふ所以である。之は元より前掲神武天皇紀の條に記したる十種神寶に關する事より來つたものであることは明かである。卽ち

「天つ神敎へ導《の》りたまはく、若痛む處あらば玆の十の寶をしてヒフミヨイムナヤコトと謂ひてふるへ、ゆら〳〵とふるへ此の如く之を爲せば死人も生き返らむ。」とある通りである。十種《とくさ》の神寶《かむたから》の名稱を一々擧げて之を稱へる代りに一二三《ヒフミ》と呼べ、然うすればその言葉のうちに宿れる言靈の力によりて死人も生き返らんとの意である。之と同じことが天神本紀にも記してある。之が所謂る御《ミ》鎭魂祭《タマフリノマツリ》で饒速日尊が天より受け來れる天璽瑞寶《あまつしるしみづのたから》をもつて毎年仲冬に之を行つたと天孫本紀に明記してある。この十種の神寶は如何なるものであつたか布留山の奥深く秘められて、今日之を判

然と知ることが出來ないか、現在殘つてゐる圖を後世のものとしても觀念の對照とするには差支ないと、石上神宮主典宇仁新次郎氏は左の如く說いて居る。

一おきつ鏡

二へつ鏡

おきは瀛、沖とも書く、古語奥と同義。「へ」は邊、端と同義。相對した言葉で、深淺、遠近、幽顯、上下等たとへば病氣であれば奥卽ち病氣の根と、手近な症狀のあらはれの如し。鏡は一塵を止めぬ姿。又萬物をありの儘に見る目、又正邪を見わくる力等の儀。

三八握劒（やつかのつるぎ）

握は四本の指で一つかみの義。古の尺度である。八は彌の意で、數の八つの義にあらず大凡の長さを云ふ。劍は智慧の劍とも云ひ、正邪を淸く分ける事、邪惡（病氣もその一）を退治る意。義に勇む心等の意義なり。

四生玉

五足玉

生、足は造化の神に生產靈、足產靈、國は生國、足國あり。生、足は宇宙の狀態、自然の道である。生々として日に足つて行く卽ち人間では本能である。玉は魂と同じこと生、足の根元と云ふ意なり。

六死反玉（まかるかへしのたま）

まかるは退の字をあて上より下る意。死ぬ事は卽ちよき現世より根の國に退る。すべて運を開く事の根元の意義なり。

七道反玉（ちかへしのたま）

害なす惡鬼どもを道から逐ひかへす義。古典にあり。

八蛇比禮（へみのひれ）

九蜂比禮（はちのひれ）

十品物比禮（くさぐさのものゝひれ）

蛇、蜂は上下のものを代表した害物の名、くさぐさは其他一般の害物をさす。比禮は鰭にあらず、振ひ拂ふ物の義、古典にあり。この三種の魂の力を説明したものを見ればよい。

此の由緒ある十種の神寶は靈劒布都御魂劒を祭神とする官幣大社石上神宮の社寶として布瑠山の奥深く秘められる所から同神宮に奉仕する神官の解説を求めた次第である。之を要するにヒフミヨイムナヤコトの言葉は單にこれだけの言葉でなく、この言葉によつて十種の神寶を意味して居るのであるから一段と言靈の力顯著なる譯である。

言靈は人格的の存在だと云ふ事は既に前述の通りであるか、之を具體的に證明するものは國幣中社土佐神社である。同神社の祭神は一言主神で言靈の神である。記、紀の傳ふる所によれば雄略天皇が御卽位四年に葛城山に狩のため御登りになると、向ふの山の裾からも、天皇の御行列と同じやうな行列が登つて來た。天皇は遙かに之を御覽遊ばされて、御不審に御思召され「此の日本の國には朕を除いて君たる者は無いのに抑も誰であるか」と御尋ねになつた。すると先方は之には答へないで、又之と同じやうな事を反問した。斯ることが繰返されて後遂に名のつて申さるゝやう。

「吾《あ》は惡事《まかこと》も一言《ひとこと》、善事《よごと》も一言《ひとこと》に言離《うひはな》つ神《かみ》、葛城之《かつらきの》一言之大神《ひとことぬしのおほかみ》なり」と、是に於て天皇惶《かし》畏《こ》みて申したまはく、恐《かしこ》し我が大神、宇都志意美《うつしおみ》、有《ま》さむとは覺《さと》らざりき」と衣類、大御刀、弓矢を獻つて拜み給ふた實に言靈の具體し給ふたのは此の時をもつて始とするのである。

宇都志意美《うつしおみ》とは現大身《うつしやみ》の義で、形態を現はした神である。卽ち言靈が現身をもつて顯はれたので、恰もロゴスが肉體となつて現はれ、言葉がキリストとなつて現身したのと同じである。この現大身の神、即ち一言主神は葛城神とも申され又素盞嗚神の御子であるとも云はれてゐる。雄略天皇が一天萬乘の大君にましまして至尊の位に在らせらるゝにも拘はらず、一言主神に捧物を献げ給ふて拜み敬ひたまひたる一事をもつて知らるゝ事は、如何に言靈の尊きかと云ふことである。世界各國何れの國と雖も自國語に自信を持たない國はない。そのうちに於てわが國ほど言葉に靈の存在を堅く信ずる國はない。誠心、誠意をもつて「オー」と熱心に呼び續けると神靈を降臨せしめ、又「ヲー」と呼べば一旦降り給ふた神靈が昇り給ふと信ぜられて居る。祭壇を設けて祭典を執行ふ毎に實驗せらるゝ所である。言靈は神の實體である。言靈の宿れる言葉を現はす文字にも亦字靈を宿すにあらざれば言葉の眞意を現はすことが出來ない。單なる音標文字が、我がやまと言葉を如實に現はす事の出來ないのは之が爲である、茲に於て饒速日命以來御鎭魂祭に歌はれたる「ひふみ」四十七音をその儘書き現はしたる「ひふみ」四十七字の神代文字は他の音標文字や會意文字と異なり神人間に通ずる宗教的のものであると稱されるのである。

補註

言靈に就ては「ロゴス」即ち言葉である所のキリストを説いたものに參照すべき所がある。

言葉の本質を端的に言ひ現はしたのは何と云つてもヨハネ傳第一章に如くものはない。そこに言ふ言葉はギリシヤ語の「ロゴス」と言ふので日本譯はもと道と書いて、之を言葉と訓ませてあつた。それを現行譯には「言」と書いて之に「コトバ」と振假字してある。此の言葉は單なる音響でなく。振動でなく、又抽象的な精神とか、力とか言ふだけのものでもなく、之は實に現實な神であり、キリストであると斷じて居る。即ち

「太初に言あり、言は神と偕にあり、言は神と偕にあり、言は神なりき。この言は太初に神とゝもに在り萬の物これに由りて成り成りたる物に一つとして之によらで成りたるはなし。之に生命ありこの生命は人の光なりき。光は暗黑に照る、而して暗黑は之を悟らざりき。」と云つて次に「言は肉體となりて我等の中に宿りたまへり、我等その榮光を見たり、實に父の獨子の榮光にして恩惠と眞理とにて滿てり、」とイエスキリストを紹介した。キリストは實にロゴス即ち言葉が肉體をもつて現世に來りたるもので言靈である。

言葉は單なる音響ではない。勿論物質的の振動に過ぎないと見るべきではない。言葉は音であり振動であると同時に思想であり、精神であり、靈である。故に言葉のない所には思想なく精神なく靈も存しないと言ふことが出來る。この眞理は日本語に限られた譯ではない。キリストは前述のやうに言葉そのものであつた。典外聖書にはキリストの幼時に就て次のやうな逸話を傳へて居る。

幼年の時キリストは猶太教のラビと問答した事がある。白髮の學者ラビはキリストの尋常ならざる叡知聰明なるに注目し、汝未だ學ばずして斯る知識を有す、學はゞ更に大に成す所あらん。我汝に教授しようと自ら進んでその教師たらんことを申出でた。之を聞いたキリストは言下に答へて汝我に教ゆる前に最初の字アレフ（ブル語のアルフアベツト）の意味を語れ然らば我第二の文字ベツ、第三のギメル以下に就て語らんと。ラビ之を聞いて答ふる所を知らなかつた。（拙譯歷史的耶蘇七二頁參照）

要するにラビは文字を單なる音標と見たに過ぎなかつたがキリストは之を言靈の宿れる有意義のものと見たのである。ヘブル語は兎も角として英語、獨語、佛語の如き一般外國語のアルフアベツトは單なる音標的もなのであるが、我が國語のヒフミは宗教的であり、靈的である。これが我が國の言葉が他國の言葉と異なる所である。

言葉に一種神秘的の力があることを說いたものに「ヤコブ書」がある。この書の著者はイエスの兄であると云ふので一層興味深く感ぜられるものがある。彼は言葉の有する力に就て極めて巧妙に說いて居る。

「人もし言に蹉跌なくばこれ全き人にして全身に轡を著け得るなり。われら馬を己に馴はせん爲に轡をその口に置くときは、その全身を馭し得るなり。斯くのごとく舌もまた小さきものなれども、その誇るところ大なり。舌は火なり、不義の世界なり、舌は我等の肢體の中にて全身を汚し、また地獄より燃出でゝ一生の車輪を燃すものなり。」と、

これを見ても明かである如く、言葉には如何に大なる力があるかゞわかる。人は須く斯くも偉大なる力を有する言葉を大いに愼まねばならない。ソクラテスの料理人は最上の料理に舌（牛の）を用ひたが、最下等の料理にも亦舌を用ひた而して主人からその理由を聞かれた時彼は舌は神を讃め人を慰め愛國の大演說もなす。舌は最も善いものです。又舌は人を詛ひ死に至らしめ國と國とを戰はしむる最も惡ひものです。舌には死の毒が滿ちて居ると答へたと言ひ傳へられて居る。

(7) 宗　教

上述する所により神代文字は宗教に胚胎して發生し、宗教的儀式に於ける神歌の歌詞をなして居ることが明になつた。

元來我が國には「宗教」と云ふ言葉も文字も無かつた。宗教は拉典語のレリギヨ、英語のレリジヨンの譯である。要は神を信じ、信仰の潔き義しき生活をなすことを理想とするのが宗教である。

宗教についての定義は非常に多い、此等を一々檢討して居る暇はない。ヤコブ書に「人もし自ら信心ふかき者と思ひて、その舌に轡《くつわ》を著《つ》けず、己が心を欺かば、その信心は空しきなり。父なる神の前に潔くして穢なき信心は、孤兒《みなしご》と寡婦《やもめ》とをその患難の時に見舞ひ、また自ら守りて世に汚されぬ是なり。」とある。この文中に用ひたる「信心」と云ふ文字の原文は「宗教」と譯さるべき意味のものである。そこで英譯には「信心ふかき者」はレリジャス（religious）、その信心、穢なき信心、の「信心」はともに「宗教」religion と書いてある。之によつて考ふるに宗教は誠心であり、所謂「まこと」で眞言であり眞事である。この心を有つて弱きを助け、患難のうちにある者に同情を寄する生活を云ふのである。

レリジョンを宗教と譯したので、この譯語が出來て以來宗教が存するに至つたのであるかと云ふに決してさうではない。その譯語が出來る以前から宗教そのものは存して居た。佛教などは宗旨と云つたり、宗門と稱へて居た。外來の宗教や宗門がまだ來なかつた時、我が國の宗教行爲は、神の道であり、惟神の道であつた。神を中心とする道であつた。之を神道と云ひ、又惟神道と云ふのである。

この宗教的行爲を始められた率先者は伊邪那岐、伊邪那美二神であつた。その動機は二神が産みたまへる水蛭子が足腰立たない骨無しの御子であつたので、何か天神の神意に適はぬ行爲をなした爲か、或は他に誤か又は罪を犯した事でもあつて、その罸でゞもあるか須らく天神に伺ひ奉らねばならぬと。二神は太占に據て天神の神慮を伺ひ、天之御柱廻りに於て女が言先だちしたのが宜しくなかつた。更にやり直して先づ男が口を開くべきであることがわかつた。二神は天神の御神託に從ひ天之御柱廻りをやり直し伊邪那岐命先づ「あなにやし、えをとめを」とのり給ひ後に伊邪那美命が「あなにやし、えをとこを」とのり給ふた。此處に宗教行爲が存して居るのである。日常生活のうちに現はれたる事件などにつき神意を伺ひ、神に祈り求めて、神の啓示を受け、その指示に從つて日常生活を是正するのである。

二神より生れ給ふた天照大御神の時に至つて宗教は一段と明かになつて來た。天之岩窟隱れに際して太占にうらへて天神の神慮を伺ひ奉ることは前と變らない。更に之を執行ふべき專門の神々が一定するに至つた。この事は皇孫が豊葦原瑞穂國に降臨なさる時特に神勅を拜して天兒屋命と太玉命が天津神籬を奉じて扈從することゝなつたので、以後絶える事なく、我が國の祭祀となつた。

高皇産靈尊よりして勅したまはく、吾《あ》は則ち天津神籬と天津磐境とをおこしたてゝ、まさに皇孫のために、齊ぎまつるべきぞ。汝《いま》し天兒屋命、天の太玉命よろしく天津神籬をもちて、豊葦原の中國に降りてまた皇孫のために齊きまつるべきぞ。

と勅りましたる御神勅によりて、御代御代の天皇は、上下共に天津神籬、天津磐境を起樹てゝ、御鎮魂と、報本反始の御祭との下に顯幽不二、心境一體の實を擧げさせられつゝありましたのです。（天皇宮五五頁參照）

天照大御神が天石窟に入り給ふた爲、八百萬神たちが天安河邊に會合して、大神を迎え出す爲に如何にすべきかと相談した。日本書紀は之に就て

「其の禱《いの》る可き方《さま》を計《はか》らふ」と記して居る。その時用ひたる方法は卽ち我が國に於て行はれた宗教行事としての嚆矢であつたと云ふべきである。伊邪那岐命が黃泉比良坂より歸り給ふや、「吾はいなしこめしこめき穢き國に到りて在りけり」とて、筑紫日向橘小門之阿波岐原に於て禊き祓ひをなし給ふた。この行事は淸潔を尙ふ日本民族として大古より行はれたもので今日に至るまで宗教行事の主要なる部分となつて居る。神慮を伺ひ奉る太占の卜合も亦宗教行事の一つである。神籬を立つる事、眞坂樹を立つる事がその起原であつた。之に八坂瓊勾璁、八咫鏡、靑和幣、白和幣を取懸けて神の宮とする事。特に定められたる人によつて禱を捧げる事、神靈を慰め樂しましめるため神歌を謠ひ、神樂を奏し、踊り舞ふ事である。此等の行事は天石窟戸の前に於て思兼命、天兒屋命、

天太玉命、天鈿女命、その他八百萬神たちによつて擧行された事であつて、我が國の宗敎行事をなす主要部分である。

第十章　「カミ」と訓む神代文字

(1)　「カミ」の種類

國語で「カミ」といふ言葉にはその内容に於て異つた意義を有つたものがある。從つて之を現はす爲に用ひられた漢字も異つて居る。我が神典たる古事記、日本書紀に使用された「カミ」の文字を調べると十三種あることがわかる。文字は異つても皆同じやうに「カミ」と訓むのである。

（1）神《カミ》。記、紀の開卷第一に用ひられた文字である。「天地の初發の時、高天原に成りませる神の名は、天之御中主神。」（記）

（2）上《カミ》。「吾は兄なれど上と爲るべからず。是を以て汝命上《カミ》と爲して天下治しめせ。」（記）

（3）神聖《カミ》。「天先づ成りて、後に地定る。然して後、神聖《カミ》其中に生れます。」（紀）

（4）神人《カミ》。「一書に曰はく、天地混成《まろかれ》る時、始めて神人《カミ》有す。可美葦牙彦舅尊と號す。」（紀）

（5）人《カミ》。「一書に曰はく、便ち化爲りませる人《カミ》を國常立尊と號す。」（紀）

(6)都督《カミ》。景行紀五十五年二月、「彦狹島王を以て東山道の十五國の都督《カミ》に拜《ま》けたまふ。」(紀)

(7)首長《カミ》。成務紀四年春二月「自今以後、國郡に長《カミ》を立て、縣邑に首を置き、卽ち當國の幹了《ををしき》者《ひと》を取りて、其の國郡の首長《カミ》に任《ま》け、是を中區の蕃屛と爲さしむと。」

(8)長《カミ》。前項參照

(9)天《カミ》。仁德紀七年夏四月「天皇曰く、其れ天《かみ》の君を立つることは、是れ百姓の爲なり。」

(10)神祇《カミ》。履仲紀五年春三月。「既に神祇《カミ》に分寄《くばりあ》てたる車持部《くるまもちべ》を兼ねて奪ひ取れり、罪二なりと。」

(11)雷《カミ》。雄略紀七年秋七月。「天皇齋戒《ものいみ》したまはす。其の雷《カミ》、ひかりひろめき、日精《まなこ》赫々《かかやく》、天皇畏れたまひ、目を蔽ひて見たまはず。」

(12)靈《カミ》。欽明紀二年秋七月、「精誠《まこころのこころ》、靈《カミ》に通ひて、深く自ら克く責めむことは、亦宜しく取るべき所なり。」

(13)長官《カミ》、孝德紀大化元年八月。「其の長官《カミ》の從者は九人、次官の從者は七人。」

以上國語の「カミ」と云ふ言葉を現はす爲に用ひられた漢字十三種のうち、神、神聖、神人、人、天、靈の七種は「神」を意味するものとして充當されて居ることは明かである。その餘の六種卽ち下、都督、首長、長、雷、長官は、官名、地位、現象等を現はす爲に用ひられたるものである。尙、この外にも「カミ」と云ふ國語に當てられた漢字がある。即ち伯、頭、守、髮、楮、紙、等である。此等約二十種の「カミ」を單に發音だけで、前後のかゝり結ひもなく、之を聞いたのでは、神を意味するか、雷を意味するか、又は長官を意味するのであるか裁然と區別することは出來ない。斯く複雜なる漢字を用ふるに至つたのは書紀の編纂以後である。古事記には單に「神」と「上」との二字だけが使用されて居るに過ぎないのは特に注意を要する點である。

國語で「カミ」と云ふ言葉は前述する如くその意味多く、内容甚だ豐富である。それらのうち特に「神」の字をもつて示される、カミの意味を明かにしたい。之に就ては從來幾多の解説が行はれて居るから先づその一般を瞥見する要がある。

（一）「カミ」はカクレ、ミツルの意味から出たものであるとは堀秀成が「加微二言考」に説いた所である。「加音は香《カ》、風《カゼ》、薫《カホル》等に於て見る如く、隱れて奇しきものを指すに用ふる音。微は實《ミ》、身《ミ》等に於て見る如く備へたる象を示すに用ひる音で、加微は此二音を合せて目にも見とめがたく、手にも取られぬもの、慥に滿々たる義と云ふのでカクレミツルもの即ちカミと云ふのである。

（二）「カミ」を上の意に解したるは伊勢貞丈、新井白石等である。「神をカミと云ふは上なり貴ぶべきものなる故上におはします名にてかみと云なり」とは貞丈雜記十六に言ふ所。「我國の語、凡そ稱してカミといふは、尊尙の義なりければ君上のごとき長官のごとき、皆これをカミといひ、近く身にとりても頭髮のごときをいひ、遠く物に於ても上なる所をさしてカミといふ」とは東雅四の神祇に說く所である。本居宣長の古事記傳も亦此の說である。此說に同意する者多く、英人アストンも此說をとつて居る。

(三)「カミ」はカクリミの意味で人の目にも見る事の出來ない隱身である。このカクリミの中の二音「クリ」を略し上下の二音を取つてカミと云ふのであるとは齋藤彥麿が「傍廂」に於て唱へて居る所である。八田知紀は同じく、カクリミと云ふのを「隱靈」と云ふ漢字を用ひて之を「カミ」と云ふ言葉の意味とし又語源となして居る。

(四)「カミ」はアカミ卽ち明見の義であると說いたのは谷川士淸の倭訓栞である。

(五)「カミ」とはカガミ(鏡)の中の「ガ」が略されてカミとなつたのであると說くのは僧契仲の圓球庵雜記である。谷川士淸はカガミの漢字を赫見であると解し、それがカミとなつたのであるとも言つて居る。

六「カミ」はカビ(牙)なりと平田篤胤は古史傳に述べて居る。「神といふ言葉は御紀の卷首に、古天地未剖陰陽不ㇾ分如㆓鷄子㆒溟涬而含ㇾ芽云々とある牙《カビ》是なり。加備の加は彼の意にて、物を其と指て云ふこと。備は靈妙なる物をいふ語なり云々。然れば加備とは世に生出たる物の元始にていと〳〵奇靈なる物なるが、是より延て都て奇靈なる物をいふ稱とも爲れる事を辨へ曉るべし」と。

（七）「カミ」とはヒ（日、火）の義であるとは山本信哉氏の說である。同氏によればカミのカは接頭語で、之は日、又は火の義であるといふのである。

（八）「カミ」は「日御」であると云ふ說は多田義俊の「神代卷秘要抄」に述べて居る所である。

尙この外に忌部正通は神代口訣は「カミ」は「カンガミ」卽ち照覽の義であると云ひ、高屋近文は「カミ」は香見であると云ひ、荒木田久老は「カシコミ」、黑川眞賴は「クシビ」奇靈と云つて居る。チエンバレーンは「カミ」はアイヌ語の「カムイ」と同じで「カムイ」は「カミ」より出しならんと云つて居る。アイヌ語の父と稱せらるゝバチエラーは「カミ」と「カムイ」とは意義の範圍と性質とに於て同一にあらず。但しカムイの語根は「カ」にて上、嶺の義ならんと說いて居る。更に「カミ」は蒙古語の汗、加羅の岐《カンキ》などゝ關係があると說く者もある。

以上によつて知らるゝ如く「カミ」の語源と意義に關する見解は甚だ多岐にわたつて居る。或ものは言語學的に之を考察し、或ものは記紀の記述する所を歸納しもつて「カミ」の語源を求め、或ものは漢字の解釋をもつて之が說明を試みて居る。

「カミ」の語源を究明するのは必ずしも本書の主眼とする所ではないが、試みに之を研究すれば、之が研究に決定的の關係を有する「神」そのものを知る事である。先住民族や、原住民族の神觀念が何であつたかは暫く措いて之を問はない。彼等を克服して豐葦原瑞穗國を治らすに至られた天孫民族は必ずや太陽を禮拜の對象として崇拜したものに違ひあるまい。日神とか天津日嗣とか、天照とか、日之御門とか、日の皇子と云ふやうな稱號は元來太陽に起因して居る。その太陽をどう見て居たかと云ふ事に就ては宣長と篤胤とは見解を異にして居る。宣長は「此の大御神は即ち今目のあたり世を照らしましします天津日に坐せり」と古事記傳第六卷に說き、篤胤は「天照大御神は日にましきさず日を所知看神……月夜見命は月に座さず月を所知看神」と靈能御柱下の二十一に述べて居る。按ずるに「カ」とは「日」を意味するのである。例へば二日と書いて「ふつか」と云ふように日を「カ」と訓む事が行はれて居る。言海に「か、日（赫《か》く意）一日一晝夜を數ふるにいふ語。「十日《か》」「廿日《はつか》」「三十日《みそか》」「百日《ももか》」「二日《ふつか》の日」と云ふように說明してある。

「カミ」の「カ」は「日」であるとして「ミ」は如何なる意義を有するか次に考ふべきである。「ミ」は「身」であると解する。太陽即ち日は神を表徵して居る一現象であつてその本體はこの日を知らす所のものであつて、それが即ち日《か》の本體「ミ」であり「カミ」であると云ふのである。之を漢字に書くときは「日身《かみ》」とすべきか適當である。斯かる理由をもつて幾多の解説あるにも拘はらず著者は斯く解することが「カミ」の本體を最も善く說き得たものとなすのである。

(2) 神代文字の「カミ」

神代の文字は原則として音標文字である、象形文字から日文字に轉訛した後に於て「カミ」と云ふ文字は例外を設けて指事文字を作つたのがある。それは「ミコト」と「カミ」である。卽ちミコトには「干」「井」「井」の三字を適宜用ふることゝなつて居る。然し多くの場合「井」を用ひて「ミコト」と訓ましめてある。書紀に於て「尊」と「命」との區別をなしたように嚴然たる區別をなした實例は以上のミ「ミコト」文字の用例を未だ見出し得ない。

「カミ」と云ふ言葉に對して之を現はす文字に三通りあることは「ミコト」に三通りあるのと同樣である。卽ち

「一」もかみ、

「二」もかも、

「三」もかみ、である。之を神代文字の普通の發音でいへば「ヒ」「フ」「ミ」である。然るに之を指

事文字としては三者ともに「カミ」と訓むのである。然らば皆同じ意味かと云ふに必ずしもさうではない。今茲に一々例を擧げて之を説明することは出來ないが、斯る文字の用例をもつて考へらるゝ如く神代の文字に於ては神を三大別して居る。

（一）は天神地祇を初めすべて天神の御稜威の下に大御業を翼賛し奉る群臣たちに至るまでを含めて之に「一《カミ》」と云ふ神代文字を使用する神々としたものである。

（二）は身分、地位に於て卑しき者たち、例へば家の子、郎黨と云つた者で之を神と崇むべき場合に「二《カミ》」の文字を使用するのである。

（三）は潔き、正しき天神の御稜威に浴さない、穢き國、惡しき汚れたる所にあつて禍事を爲す神たちを意味する場合に用ひる神代文字で「三」と書くのである。此の文字をもつて書かれた神は禍津靈の神たちである。

(3)　神は一にして萬、アルパにしてオメガ

神と云ふ神代文字に三種あることは前述の通りである。そのうちの一たる「一《カミ》」の字は「ひふみ」と稱する神代文字に於ては最初にある文字の「ひ」であり、同時に數詞に於ては最初の一である。

すべての初めである。この初發の意味を有つた神代文字をもつて現はされた神は他の神々卽ち「二一《カミ》」又は「三一《カミ》」の文字をもつて現はさるゝ神たちに比べて格別尊い、正しい、潔い神であることが明かである。

神と云ふ神代文字に三種あると同じように「みこと」と云ふ神代文字にも三種あることは前に述べた。神の文字が數詞として一《いち》、二《に》三《さん》である如く、「みこと」の文字も數詞としては千井丗卽ち百、千、万である。「ひふみ」の神代文字に於て數詞としては一より始まつて萬に終つて居る。一は最初で、萬は最後である。神と云ふ場合に最初を意味する「一《いち》」といふ字を用ふるのに尊《ミコト》と申す場合、卽ち天之御中主尊、高御產巢日尊、神產巢日尊と申す「尊《ミコト》」の神代文字は百を意味する千《ミコト》でなく、千を意味する、井《ミコト》でもなく、實に萬を意味する丗《ミコト》である。此所に意味があるように思はれるのである。卽ち尊たる神は最先であり完全圓滿、最後《いやはて》である。換言すれば、我が神代文字によつて現はされたる神は、アルパであり、オメガである。一であり、萬である。始であり、終である。

神は無始、無終であり、永遠の存在であると云ふ思想はよく我が神代文字の「ひふみ」に現はれて居る。この思想を更によく說明したものゝ如く思はるゝのは、神を說明した、默示錄である。そのうちに神は始なり、終なり、アルパなりオメガなりと云ふ事を說いた所が三ヶ所ある。之を神は始なり終なり「ひ」なり「ろ」なりと言ふ事に解しても何らの差問を感じない。

「我また新しき天と新しき地とを見たり。これ前の天と前の地とは過ぎ去り、海も赤なきなり。我また聖なる都、新しきエルサレムの夫《をつと》のために飾りたる新婦のごとく準備して、神の許をいで、天より降るを見たり。また大なる聲の御座《みくら》より出づるを聞けり。曰く「視よ、神の幕屋、人と偕にあり、神、人と偕に住み、人、神の民となり、神みづから人を偕に在して、かれらの目の涙をことごとく拭ひ去り給はん。今よりのち死もなく、悲歎も、號叫《さけび》も苦痛もなかるべし前のもの既に過ぎ去りたればなり」斯くて御座《みくら》に坐し給ふもの言ひたまふ「視よ、われ一切のものを新にするなり」また言ひたまふ「書き記せ、これらの言は信ずべきなり、眞なり」また我に言ひたまふ「事すでに成れり、我はアルパなりオメガなり、始なり、終なり、渇く者には價なくして生命の水の泉より飲むことを許さん。」

アルパは希臘語二十四音のアルフアベットの第一音で數は一又は千を現はし、オメガは終の第二十四音で數は八百乃至八十萬である。我が「ひふみ」と相通ずるものがある。

「また我に言ふ「この書の豫言の言を封ずな、時近ければなり。不義をなす者はいよ〳〵不義をなし不浄なる者はいよ〳〵不浄をなし、義なる者はいよ〳〵義をおこない、清き者はいよ〳〵清くすべし、視よ、われ報をもて速かに到らん、各人の行爲に隨ひて之を與ふべし。我はアルパなり、オメガなり、最先なり、最後なり、始なり終なり。」と

これ卽ち大東亞戰爭を豫言したと見らるゝ程不思議にも現代時局に適中して居るのは、斯く言ふ神が「ひ」であり「ろ」であると解せらるゝわが神代文字によつて示さるゝ神たるからである。

(4) 唯一の神

枝葉四方に繁茂して欝蒼たる大木がある例へ枝葉は數百千に分岐しても、これは一本の大樹である。幹より枝、枝より葉と數え來るとその數幾萬なるや知り難しと雖も皆一の根幹より出でたるに過ぎない。

我が國には八百萬の神と云ふ言葉があるため、我が國は多神教の國であるが如くに速斷する者がある。斯くの如きは我が國語の「カミ」の意義を正しく辨へざるの結果と云はざるを得ないのである。神には自然神もあれば、人間神もある。記紀に就て見ても自然物を神とした所が少くない。風の神、雨の神、火の神と云ふが如きはそれである。八百萬神は人間神の例である。神社特に別格官幣社に奉祀せらるゝ祭神は人間神である。就中九段の靖國神社に奉祀せらるゝ數十萬の英靈は殆ど

皆我が國を護る陸海空軍の將兵たちであつた。それらの英靈たちのうちには支那事變を始め今の大東亞戰爭にいさぎよく戰死を遂げ勇士たちが合祀されて居ることは洵に感謝、感激に堪えない所である。然し我等が單に神と申す時には個々の神々を申すのでなく我等が歸一し奉る大神即ち唯一の神を申すのである。

××　　××　　××

歷代の天皇が敬神、崇祖の念に富ませ給ふ事は申すも畏し、就中明治天皇が御敬神に篤く、大御心を用ひ給ひたる事は洵に有難く恐懼感激の至りである。明治天皇は明治の維新に際し舊體制を一新して新體制を創立なし給ふに就て明治四年神祇省を設け同年九月十四日左の詔勅を渙發あらせられた。

詔書

朕恭ク惟ミルニ神器ハ天祖威靈ノ憑ル所歷世聖皇ノ奉シテ以テ天職ヲ治メ玉フ所ノ者ナリ今ヤ朕不逮ヲ以テ復古ノ運ニ際シ恭シク鴻緒ヲ承ク新ニ神殿ヲ造リ神器ト列聖皇靈トヲコヽニ奉安シ仰テ以テ萬機ノ政ヲ視ント欲ス爾群卿百僚其レ斯旨ヲ體セヨ

明治四年辛未九月十四日

更に降つて國の最大、至高の典憲たる皇室典範及び大日本帝國憲法が制定せらるゝ時、明治天皇は、皇祖皇宗の神靈に誥け給ひたる、御告文に

皇朕レ謹ミ畏ミ

皇祖

皇宗ノ神靈ニ誥ゲ白サク。皇朕レ天壤無窮ノ宏謨ニ循ヒ惟神ノ寶祚ヲ承繼シ。舊圖ヲ保持シテ。敢テ失墜スルコト無シ。顧ミルニ、世局ノ進運ニ膺リ、人文ノ發達ニ隨ヒ宜ク

皇祖

皇宗ノ遺訓ヲ明徵ニシ、典憲ヲ成立シ。條章ヲ昭示シ、內ハ以テ子孫ノ率由スル所ト爲シ。外ハ以テ臣民翼贊ノ道ヲ廣メ、永遠ニ遵行セシメ。益々國家ノ丕基ヲ鞏固ニシ八洲民生ノ慶福ヲ增進スベシ。玆ニ皇室典範。及憲法ヲ制定ス、

と宣し給ふたのである。之を拜讀し奉るに就ても先づ大御心の一端を拜し奉ることは天皇が如何に敬神の念に篤く、皇祖、皇宗の神靈に對し奉つて御尊崇深かりしかと云ふ事を伺ひまつることである。天皇は數多い御製のうちに敬神に關するものを多くお咏みになられた。

明治三十五年の御製に

ちはやぶる神のまもりによりてこそわが葦原のくにはやすけれ
明治三十六年の御製に
わがこゝろおよばぬ國のはてまでもよるひる神は守りますらむ
明治三十八年（日露戰爭の年）の御製
世の中にことあるときぞしられける神のまもりのおろかならぬは
　明治四十三年の御製
わが國は神のすゑなり神祭る昔の手ぶり忘るなよゆめ
とこしへに國まもります天地の神の祭をおろそかにすな
此等の御製を拜唱して、改めて天壤無窮の御神勅を始め齊鏡の御神勅及び齊穗の御神勅を拜すると我が國體の萬國無比なる最も尊き國たることがしみ〳〵と感ぜらるゝのであるが此れ單に上御一人の大御稜威によることは畏き極みである。

第十一章　文化の淵源と國體

――我國體にして神代文字あり――

(1)　世界無比の我が國體

古今東西を通じて盛衰興亡常ならざる國家の多きうちにあつて、宏遠の太古から毫も變りなきは我が神國日本あるのみである。世界には日本よりも遙か以前に創建されたと稱する國もある。然し萬世一系の天皇によつて統治され建國以來終始一貫して變らざる國體を保有する國は世界の何處にも存在しないのである。日本は實に不思議な程天祐に惠まれた國である。我等は此の國土に生を享け至仁至愛の天皇を大君と仰ぎ奉ることの出來るのを無上の光榮とし又大なる幸福と思ふ。我等は日本國民たる事を衷心より感謝せざると得ない。君恩に感激する臣子たらん者は悉く盡忠報國の誠を致すべきは云ふ迄もない。その道に至つては必ずしも一途に出づるを要しない。戰の第一線に立つ者と、銃後の任務に從ふ者との區別はあつても、國に盡す心には毛頭變りはない筈である。

天地初發の時高天原に天之御中主神が成りまして以來、五柱の別天神から神代七代となり。是に天神諸の命もて、伊邪那岐、伊邪那美二柱の神に、是のたゞよへる國を修理固成せよと詔して、天沼矛を賜ひ、言依さし賜ふた。二神は天神の詔を奉じ、天沼矛を捧持して天降り、大八洲を定め給ひ、後天下の主たる者として天照大神を御生みになつた。

大神は皇孫瓊瓊杵尊を豐葦原瑞穗國に御降しになります時三種の神器を御授けになり、且つ神勅を賜つた。

「豐葦原千五百秋之瑞穗國は、是れ吾が子孫の王たる可き地なり。宜しく爾　皇孫就きて治せ。行也。寶祚の隆えまさむこと、當に天壤と窮り爲かるべし」と。

この御神勅は實に天壤無窮の皇運が豫言された一大豫言でもある。

玆に於て瓊瓊杵尊は天之石位を離れ、天之八重多那雲を押分けて、いづのちわき、ちわきて、天浮橋にうきじまりそりたたして、筑紫の日向之高千穗之久士布流多氣に天降り座した。次に彥火火出見尊、次に彥波瀲武鵜草葺不合尊を經て人皇第一代神代天皇の御代となつた　その間僅かに六代に過ぎないが、年を經ること實に百七十九萬二千四百七十餘歲に及ぶとは神武天皇紀に明記しあるところであつて、北畠親房は神皇正統記に、鵜草葺不合尊まで「すべて天下を治め給ふ事八十三萬六千四十三年といへり、是より上つかたを地神五代とは申すなり。二代は天上に留まり給ふ。三代西洲の宮にて多くの年を送りましします。神代の事なれば行迹たしかならず、葺不合尊八十三萬餘年ましく＼に、其御子磐余彦の尊の御世より、俄に人皇の代となりて曆數も短くなりける事、疑ふ人も有るべきにや、されば神道の事おしてはかりがたし。」と述べて居る。斯の如き年數は、今日の常識をもつては僅か六代に過ぎない歷朝に如何に配當せしむべきか、到底企て及ぶ所でない。或は之を單なる神話として毫も意に介しない者もあらう。然し我が神國の淵源する所甚だ悠遠なるを思へば、我等は寧ろ之を何等かの規準に則して算出されたるものと考ふ可きである。

明治天皇は敎育に關する勅語に「我カ皇祖皇宗國ヲ肇ムルコト宏遠ニ」と仰せられた。斯く宏遠の太古に肇められた我が國が年を歷ること數十萬年に及ぶことは敢て怪しむに足らない。只一部識者は未だ曆なくして、どうして年月を算ふることが出來るか、上述の年數の如きは、今日我等が用ふる曆年月に據るものではあるまいと。成る程我が國の文化が上古に於て大に見るべきものがあつた事を考へなかつたら、さう思ふの外はない。然し一說によれば曆日の制定は兎も角、曆日を覺える事は相當早き神代の時に知られて居たと云ふ事である。若しこの說のやうであるとすれば或は曆制か瓊瓊杵尊の時既にあつたのではないかとも考へられるのである。もとより今日に於て之を立證するに足る充分な文献を缺くので之を確めることは出來ない。

斯る規定が若も瓊瓊杵尊の時存したものとすれば、三十日を一と月と十二ヶ月をもつて一年となし、三百六十日の外に十二月の末に三四日の潤日を置き、六の殿の日出の舊に復するを以て一月一日と定むる等の事が可なり詳細に記してあると云ふことが出來る。

斯る規定が既に瓊瓊杵尊の時に於て存したものとすれば前記の年數の如き必ずしも全然根據なきものと云ふ事は出來ない。要は宏遠の太古に溯つて我が國史の淵源する所を出來るだけ明かにする事である。斯の如く常識をもつて理解し難き事に直面して、深く考慮、研究することなくして輕卒に之を否定し去ることは、我が國上古の文明を闡明せんとする者として與することが出來ない。須くその依つて來る所を尋求し、苟くも之に關する文献が存在する以上、その文献に就ても亦研究することを怠つてはならない。而もその文献が我が國史を一層明瞭、適確ならしむる上に益する所大なるものありとすれば、何はともあれ一應は必ず之を調査研究すべきである。

岐、美二神が水蛭子を生みたまうた際布斗麻邇に卜相て、天神の命を拜受された事や、天窟戸開きの際に於ける神歌、又素盞鳴尊の御歌の事が記、紀に記録されてある。之を讀んで先づ考へねばならない事は、歌をよんだり、太占に卜相へたりするが如きは文化の程度が劣等な民族に出來ない事である。殊に天下、國家の大事を決定すべき太古の卜相へなど必ずや文字、若し嚴格な意味に於て文字と云ひ得ないならば、文字の素材とも云ふべき附牒を有たないと出來ない事である。從つて岐美二神の時に於て既に或る種の文字か又は附牒が存在したものと推定せざるを得ないのである。

然るに常に地の下にのみ眼を放つて毫も地の上や、高く天に向つて眼を擧げて、我が國の眞相を觀取せんことを力めない者は、岐美二神の時代にそんな附牒らしいものがあつた事を認めないのみか、更に下つて神武天皇の時代に於ても文字がなかつたと大膽に放言する。いやそれどころではない。神武天皇卽位以來千四百年の長い間我が國には國字がなかつた。あの極めて簡短、平易な五十音の片假名もなかつた。いろは四十七字もなかつたと物知顏に斷言する者がある。而も斯る獨斷者を我等は國史の指導者と仰がねばならぬやうに仕向けられて居る。そんな事でどうなる。舊態依然何日までも西洋流の物質的研究、地の下から掘出した出土品だけが研究資料で、その他のものは之を無價値のものと看做すが如き態度を取つては到底、我が神國日本の眞相は明かにすることは出來ない。何せ一にも石器、二にも土器と云つて石器や土器に重點を置き、銅や鐵を使用した我が神代の事を單に土、石のみをもつて判定しようとする。若も神代に文字があつたとしたら、土器や石器に之を刻んだものが出てくる筈である。それが出ないのは卽ち神代に文字がなかつた證據であるとは彼等の推論である。恰も木に緣つて魚を求めるが如き一種の錯覺に捉はれた者である。

記紀を案ずるに岐美二尊の時に於て八尋殿の建築、天沼矛の武器があり、更に天照大神の時に至つては三種神器があつた。その一である草薙劍は八岐の蛇を退治して得たる大刀で須佐之男命が天照大御神に献上されたものである。然し八坂瓊曲玉と八咫鏡とは神々に命じて之を造らしめ給ふたものである。大神は之を皇孫に賜はつた。斯くて三種の神器の存する所に皇統あり、皇位のある所に三種の神器がなくてはならない極めて尊い、嚴肅なる皇例が定められた。

素盞嗚尊は高麗、百濟の地に往復して敎化を垂れ給ふたのみならず、織機、養蠶、米作、植林、農工業等の工藝文化に至つても亦大に見るべきものがあつた。此等は文字を知らない民族の事跡としては餘り顯著はる文化と稱すべきである。

(2)　國運の隆盛と神代文字

本朝に文字が齎らされたのは應神天皇の治世十六年、百濟の王仁が論語、千字文を献じた時が最初となつて居る。その時まで我が國には文字と云ふ文字は一つも存在しなかつたと思ふ者がある。物の本にもそんな風に書いたものが尠くない。斯の如きは恰も自覺症狀なき腎臟病が不知不識のうちに我等の壽命を奪ひつゝあるのと同じく、無意識のうちに皇國の文化を冒瀆しもつて國體の尊嚴を冐しつゝあるのである。

論語、千字文が献せられた時より約三百年前、垂仁天皇三年に於て新羅王天日槍は、日本國に聖皇在すと聞はりて、則ち己が國を弟知古に授けて歸化し、居を但馬に定むる事を許されて居る。若も我が國に文字なく、反つて新羅、百濟には文字が盛んに行はれたとすれば、どうして王子が王位を弟に讓つてまで我が國に歸化することが有り得よう。或は日槍が來朝歸化したのは彼の自由意思でなく、我が國が强制した結果として一種の人質たらしむる爲であつたとしても、斯る國力を有する日本が文字なき國であつて、人質に取らるゝやうな國が文字を有つて居た國であると云ふが如きは之を信ぜんとしても餘りに逆である。

我等は古事記、日本書紀、その他の古典を再び讀み直す必要を感ずる。何等の先入主なく虛心坦懷之を讀むもの誰が我國の上代に於て旣に文字が存在せし事を看取しない者があらうか。之を立證するに足る有力なる資料、文献は決して少くない。

國民崇敬の對象であり、神靈の臨在を意味する神璽を二百の官國幣社を始め全國十一萬の神社が之を授與して居る。それらのうちには神代文字を用ひたるものが尠くない。若も神代文字が我が國固有の文字でないとしたら實に變なものである。又之が僞物などゝ言はれるなら神威を冐瀆するの

甚だしきものと言はざるを得ない。昭和十一年九月

天皇陛下　北海道御巡幸に際し御召艦比叡艦に宛てヽ全國各地の有資格社から御航海御平穏の祈願を籠めた神璽、神符が萬に達する程の多數屆けられた。又今尙繼續中の大東亞戰爭に出征する皇軍將士に對し全國の神社から送られた神璽は何十萬體の多きに達して居る。國產建築の誇りたる新議事堂の最上位に神璽を奉齋してある。その祭壇を上部に頂いて貴、衆兩院は國事を議するのであ
る。而もそれらの神璽中には前にも述べたやうに神代文字をもつて記されたるものが尠くないのである。神璽の起原は如何にもあれ、苟も神璽として聖別されたる以上神聖なるものである。神聖なる神璽に對して僞物呼はりをするが如きはもつての外であるが、斯く言ふ者は陛下の御召艦に、一死君國に殉ずるの至誠をもつて出征する皇軍勇士に、又神聖なる立法の府たる議事堂の祭壇に對して大なる不敬、不信、を敢てする結果を招徠するのである。斯の如きは全く我が國上古の歷史を知らず、神代の文字に對する知識、理解を缺く所から來るのであるから、我等は深く上代の文化を研究し、神代文字の知識を把握するの急務なるを痛感ずるのである。

(3)　皇國日本の一大使命

現代日本は世界の一大驚異である。今次の大東亞戰爭に於ける我が陸、海、空軍の敏速果敢なる活躍振りを見て、今更の如き感を抱いた者は啻に外國、就中敵性を帶びたる米英諸國人に限らない。彼等は武器とか彈藥とか、食糧とか財貨とか物質の計算以外に精神力が如何に重大なる役割をなすものであるかを知らない。我が出征軍人が全身に漲る大和魂をもつて最新科學の粹を驅使する行動は恰も天魔鬼人、超人的である。之を神業なりと激賞する毫も怪しむに足らない。北支、中支、南支は勿論のこと到る所の要塞、主要陣地を次から次に占據しながら進軍を續ける神速部隊の目覺ましき進擊は世界の戰史に一新紀元を劃するに至つた。奧地重慶に逃避した蔣政權の崩壞は今や時日の問題となつた。斯の如きはもとより　御稜威の然らしむる所とは云へ、又國體の尊嚴を奉體して一死奉公の誠を致す將士の至忠、至勇と相俟つて銃後國民の堅忍持久の總力によるものは言はざるを得ない。

皇國の國威年と共に顯揚すること甚大なるを見て、此は泰西文物の長を採り、我が短を補ひたる結果なりと爲すが如きは當を得たものでない。成程、學術の習得によつて智能を啓發する所があつた。武器、彈藥、飛行機の如きものによつて戰鬪力が增大した事も爭はれない。然し此等は皆之を習得し、使用する人あつて後始めて意義を有するものである。文物人を作るにあらず、人之を活かすのである。文物は要するに食物である。人之を攝取すれば血となり肉となり、力となつて現はるゝも攝取されない食物、攝取されても消化されない食物は廢物となるか又は害を爲すに過ぎない。人そのものを一變するが如き想像だも及ばない所である。外來の文物は我にとつて一種の食物である。儒教がさうであつた。佛教もさうであつた。歐米の科學もさうであつた。此等の食物を攝取した國は他にもあつた。然しその結果は同一ではない。我が國が同じ外來文化を吸收しながら、他國と異なる所以のものは大なる理由がある。

抑も皇國日本には宏遠の昔から萬古不變の國體が堅く定められて居る。又國民には臣民として天皇に對し奉つて忠誠を盡す天賦の特質が備はつてゐる。此の特質は日本人の日本人たる所以のものであつて之を日本魂と云ふのである。日本精神と云ひ、皇室中心主義と云ふも同じことである。此の精神あればこそ悉く外來文化を同化して日本的ならしめることが出來る。

禪讓放伐と云ふが如き甚だしき危險思想を藏する儒教が日本的となつたのは深く之を放擲した爲である。無神、無靈魂で惟神の道と相容れざる佛教はその根本教義を修正して鎭護國家を唱へて日本的となしたのも之が爲である。比較的に新らしき宗教として新日本に迎へられた基督教も嚴正なる教義の解説上我が國體と渾然一體たり難き所あつて今尙ほ非難を免れない。之を日本的ならしむる爲には須く我が國體と調和せしむる所あらねばならない。

基督教は元來我が國體と一致融合すべき性質のものである。それが今日あるが如き性質となつたのは發展の經路を間違へた結果であると言はざるを得ぬ。基督教發祥の地は亞細亞の一角であつた。其の儘東方に向つて發展すれば自然西洋の色彩を帶びないで我が國に來たであらう。さうすれば必ずや我が家族主義の溫床の上に育成されて純然たる日本的のものとなつたに相違なかつたであらう。然るに事實はその反對で漸次西の方へと伸びて行つた。それで基督教と云へば直ちに歐米の宗教と考へらるゝ迄になつて了つた。それ程歐米諸國と密接な關係を有つて居る。從つて基督教のうちに含有する教義や政治及び道德の如きものは自然彼等の社會、國家にとつて都合よきものを特に高調力說することゝなつた。斯くして基督教は個人の靈を極端に尊重し、一人の靈魂は全世界にも換へ難しと說き、この靈か滅びより免れて救ひに入れらるゝ事は全世界を得た喜びにも疋敵すべきであると云ふが如き教は、個人主義的思想を釀成せざるを得ない。個人主義的のみでなく又自由主義である。個人は自由を與へられて居る。この自由あればこそ個人の行爲に對して責任が存するのである。善行美事に對して賞讃を受け、罪惡不德に對して責罰を受くるのは之を爲したる個人の自由意思によつた爲である。斯る方面を特に主張したる基督教は自由主義の淵源をなして居るとも言へるのである。

斯る教義や思想を其儘我が國に移植することは我が國の國體及び家族制度が之を許さゞる所である。從つてこれ迄殆んど盲目的に歐米人の指導援助下にあつて、個人の救靈に沒頭した我が同胞教役者も之ではならぬと漸く國民的の自覺を來しつゝあるのである。基督教の傳道に從事する者は、我が國の古典、歷史の研究を無視し、外國の歷史や言語文字を學ぶ事に熱中した。ヘブル語やギリシャ語を解し、イスラエル民族、猶太人の歷史に通じて居るのに、祖國日本の文字や歷史に至つては殆んど知る所がない。之では虎關と何の撰ぶ所がない。反つて虎關に劣ること大なりと云はざるを得ない。虎關は元の代表僧一寧一山との法問應答に於て外國の事には詳しく答へながら事苟くも日本の問題となれば明朗を缺く。そこで一山は怪しみながら之を詰つた。「公の辯は博く外方(印度、支那等)の事に渉るや、皆章々として悅ぶべし、而して此の本邦(日本)のことに至るや、頗る應對に澁るものは何ぞや」(虎關紀年錄)と。玆に於て彼は飜然として覺り、眼を國內の事物に轉じ元亨釋書三十卷を大成した。

今や世界は日本及び日本人を知らんと熱望して居る。啻に現代の日本を知らんとするのみでなく日本の偉大をなす所以、その力の據つて來る所を知らんと願つて居る。斯る熱望に對して現代の日本人は能く之に答へ得るか或は又答をなしつゝあるか。彼等は歐米の問題に就ては歐米人に劣らざる位の知識を有つて、彼等と意見を交換することが出來るに拘はらず事苟くも自國に及ぶと殆んど定見なく支離滅裂の狀態である。我が國の上古史に就て然うである。神代文字に就ても然うである。虎闢は一山に詰られて發憤した。今や我が國は誰、彼と云はず、國民總體として世界から、日本の肇國このかた文化の發達や、日本の獨創になる事物に關して之を知らんことを要求されて居る。玆に於て大に發憤して、起ち我が國上古の文化を究め、もつて世界に之を誇示することを得る者はないのであるか。二千年來基督敎主義をもつて國是となし、國家、民族として世界に優越權を擅にした所謂る白人種の眞相が年を追ふて今や白日の下に曝露さるゝに至つた。玆に現實の悲哀を感ずる者は白人種自らは勿論、彼等に依存したる者である。我が國の基督者も愕然として覺醒する所あり、國體に卽した神國實現を大目的として起つべきである。

明治十九年憲法取調の命を帶びて海江田子爵と共に墺國に赴きたる丸山作樂はスタイン博士の問に答へて我が國體の尊嚴を說明した。

スタイン問ふて曰く、「貴國は萬世一系の皇統にて世界に珍らしき御國柄なる事は、豫て聞及びたるが、何か他に異なる千古絕世の遺風遺物はなきや。」

丸山氏答ふ。「千古絶世の遺物は、君臣の大義、終古變らぬが第一にて、其證跡とすべき遺物は、三種の神寶なり」と。

彼曰く、「其三種の神寶とは後世の作物にはあらざるか」

丸山、少し怒氣を帶びて「我國人民いかに愚かなればとて後世の僞器に數千年來瞑着せらるべきにあらず、現に靈鏡は伊勢神宮にまし、寶劒は熱田神宮に崇めて、誰知らぬ者もなき事なり、且神璽の如きは天皇の大御許に在て歷代御卽位の時は、授受の大禮あり、上古以來變る事なし」と。

スタイン。感歎して曰く「世界萬國いづれの民たりとも各其身の幸福を欣ばぬはあるべからず、然るに人世不幸中の最不幸は戰爭なり、故に我輩學術政治に志す者、常に世界に戰爭の起らぬ事を企望するなり。それには世界萬國を統御すべき宗國を立て、志ある各國之を補佐し、互に國境人民を相侵さゞる一大憲法を制し、若し之に背く國あらば、他諸國擧つて之を征する事に至らざれば、其事行はれざる也、これに因て西洋各國を通觀するに、何れも開闢以來の寶器ある事なし。さる同等の國柄を立て、宗國としたればとて、他國人民の服從すべきにあらず。東洋諸國を顧るに印度は古國なれども、今の形勢にて論に絕たり。支那は大國なれども、今の淸朝の祖は韃靼より出て、掠奪したるなれば、自國の人民すら心服せずと聞けば、他國人民の伏從すべきにあらず。

唯日本は國小なれども、天子は天神の裔にて開闢以來の神器を有ちたまひ、千古一系の皇統を奉戴して、全國人民が君臣の大義を紊さぬとはいかにも、珍らしき御國柄なれば必證跡となる事あらむと、貴國より航海せらるゝ人に遇ふ毎に尋問せぬは無かりしかど、孰れの人も我國は未開野蠻の風俗のみ多くしてさる物ある事なし。唯萬古一系の皇統あるのみ、其他は語るも耻しき事のみなりと答ふるによりて、甚だ失望し居つるに、今日始て解説を聞きて、大に從來の望に叶へり。此事を歐米各國の人民が聞傳へて知る事とならむには必ず、貴國に伏從する事とならむ」と。

（文博栗田寬著神器考に依る）

スタインがこの話をしたのは明治十九年で日本人に接して以來約六年、その間彼の學風を仰いで敎へを請ひに來つた日本の留學生少くなかつた。それらの留學生は後に大學の教授たり、總長たり、文部大臣となつた者もある。然るに彼等はスタインより皇國の皇國たる證跡如何と問はれて之に答ふる事能はず皆「我國は未開野蠻の風俗のみ多くしてさる物ある事なし」と何たる醜態。而も新進學徒を代表する文部省の留學生にして斯る不見識の事ある、これ即ち歐米心醉の甚だしきものである。學界に於ける歐米心醉は明治の時代に止まらない。昭和の今日に於ても尙ほその弊を蟬脫し得ないのは我が國學界のため慨嘆に堪へざる所である。事學界の屈辱のみに止まらず延ひては我が國の威信を傷くるに至つては國民たる者一日も意を安んずる事は出來ない。その一例は神代文字に於て之を見る。我が國の學界は歐米學界の驥尾に附して、研究、考證の方法を彼等の立てた範疇を出づることを知らない。之が爲に歐米人の所謂る考古學的に石器や、土器に神代文字の證據を見ないでは之を承認することは出來ぬなどゝは實に笑止千萬の至りである。斯る不見識は遂に我が國體に關しても大なる誤謬を敢てし、天皇機關說を唱ふる者あるに至つたのである。

日本に來朝した事もなき墺國の一學者は我が國體の一端を學び、その尊嚴に衷心より感嘆し眞に世界に君臨し給ふべきは我が　天皇にまします事を今より約五十六年前に豫言した。彼の豫言は遠からず實現せられんとする時に際しても、尙我が國獨創の文字を否定せんとするが如き者の存在は一の時代錯誤と云はざるを得ない。

附　神代文字及び神代文字に關する文獻

神代文字及びこれに關する文獻中著者の知れる範圍を玆に掲げて參考に供することにした。

(1)　神代文字の文獻

一、上記《うへつふみ》　四十一綴　宗像本

大分縣社媼ヶ嶽神社社司豐後竹田町橋爪出比子氏所藏。本書を神代文化研究會安藤一馬氏が複寫飜刻したるものあり。

原本はもと豐後國大野郡土師村故宗像良藏氏方に傳はり虫喰ひ腐朽したるものを天保二年頃幸松葉枝尺氏が發見寫本したり。

明治六年九月豐後に大洪水あり、其の節或理由ありて、大分郡鶴崎町に於て洪水のため流沒するところとなり遺憾ながら現在は存在せず。又幸松氏自筆の寫本も現在不明にして、幸松氏の寫本を本として複寫せるものが數部世に傳はり殘り居るものなり。橋爪氏所藏のものは實に其の中の一本なりその原本が宗像家に傳はりだる理由で安藤氏は之を「宗像本」と云つて居る。

二、上　記　　四十三綴　大友本

宗像本と大體に於て異る所はない。用字は共に所謂る神代文字である。明治七年頃、豐後臼杵町故大友淳氏方に傳はり居るを同町の人故春藤倚松氏が見出しこれを整理寫本したもので、大友氏方に傳はりたるをもつて之を「大友本」と云ふ。後大分縣圖書館設立さるゝや同圖書館に秘本として所藏されて居る。(以上二書は僞書ならんとの說をなす者あり。)

三、美社神字　　上册九枚　下册十一枚　但前後添板二枚づゝあり

長野縣上伊那郡赤穗村鄕社大御食神社の秘藏神代文字（草字）の記錄。同社より伊那縣役所に提出したる具申書に左の如く記しあり。

當神社所藏品は天明年間燒失して今その寫しなりとて桐材の平板數十葉に記せるものを存し候。明治の初年其筋より由緒調査の際之につき具申したる書狀左の如くに候。美女森大御食神社傳記ノ儀ハ神主代々繼目致登京歸宅之砌三七日致潔齋開封拜閱仕候然共異形ノ字體ニ候故讀者且ッテ無之得聰明之人可讀明ト申傳、然處天明二寅年八月二十二日夜本書致燒失候得共幸ニ寫有之候而今尙存在仕候。今般復古御一新ノ折節明治二己年正月諸社ヲ由緒可書上御觸有之候間申傳而已書

上候處同年四月中將又傳記之御尋有之候間致潔齋五月八日社之傳記入一覽候處落合直澄具ニ被爲
遊解讀從往古傳記誠ニ明々ニ相成候嬉シク惶ミ難有奉拜讀候則奉神前且者古老ノ氏子ニモ爲申聞
候以上

明治三庚午正月四日

小町谷加賀

吾道延宣　花押

伊那縣御役所

右口上書ニアル落合直澄ハ國學者ニシテ當時伊那縣（本郡飯島村）ニ出仕セル兄落合直亮ノ許ニ
アリ而シテ當時之ヲ別冊ニ寫シ直澄自ラ神代字ノ傍ニ訓ヲ施シ漢字ヲ當テ鼇頭ニ所々考證ヲ施シ
タルモノニ有之候

昭和十年一月二十七日

郷社大御食神社社務所

四、美社神字（寫本）　一冊　落合一平解説
五、美社神字（寫本）　一冊　谷森善臣解説

右二冊はともに前記大御食神社秘藏の神代文字を解説したもので、應神天皇、仁徳天皇より村上
天皇に至る間の事を記したるものである。

落合氏解說の美社神字は上野圖書館にも備へてあるが、谷森善臣翁の美社古字は同翁の他の著書と共に宮內省圖書寮に保管されて居る。

六、八咫鏡及び日像鏡

徑八寸の寶鏡二面。一つは八咫鏡形の中に圓形の平面、他は圓形の中に八咫鏡形の平面あり。平面の周圍は神代文字をもつて神文が刻まれてゐる。

七、モオセ十誡石其他

石塊に神代文字を以て十誡を彫刻したるもの三個、及びモオセの魂形石、縞瑪瑙石各一個。縞瑪瑙には「イズラ、エブロカハ」と神代文字をもつて刻みあり。

八、神字古事記　上中下三卷。之を

カムナフルコトフミ、カミツマキ

カムナフルコトフミ、ナカツマキ

カムナフルコトフミ、シモツマキ

と訓み、全部神代文字の一種阿比留文字をもつて記してある。明治四年辛未十二月官許を得て東京中橋南傳馬町二丁目書肆松本屋龜吉が新刻發行したものである。

九、神代文字（寫本）全一卷

常陸國鹿島大社之秘書と記しあり。その原本は鹿島神宮に見當らずと云ふ。寫本は今尙ほ存す。

十、神代文字　一卷

鶴岡八幡宮の寶藏に深秘之由之を承はる。神道熱心之厚感に依りて之を寫し傳ふる條堅く他傳を禁ずと菅生兼就が文化五年戊辰初冬吉辰（皇紀二四六八年）に記して居る。然るにこの神代文字は何日紛失せしものか鶴岡八幡宮には存在しない。只存在せし事を記載する文書によつて之を知るのみ。

十一、石碑　一面（青石）

銘　表御影、神代文字

裏寛平七年八月五日

皇帝萬歳爲二天下太平一

俗別當遣唐大使中納言從三位兼行左大辨春宮　攤　儔　徽　輞

寸法　竪一尺六寸六分　横一尺

重量　二貫百二十五匁

模様　素盞嗚命御影上に神代文字を刻む
寄附人　宮崎博尹
傳來　菅公御自作と云ふ
神代文字は左の三十一字
やくもたついつもやいかきつまこみにやへかきつくるそのやいかきを
右は鶴岡八幡宮の寶物であるが前宮司時代に（昭和十年頃）存在せしが、その後紛失したとかで今は之なしと云ふ。

十二、神代文字

平田篤胤が遺文としてその著神字日文傳中に掲げたるもの十餘種に及ぶ。そのうちには前記の鹿島文字、鶴岡八幡宮藏の文字の外對馬卜部、阿比留中務之を傳ふるもの。出雲國大社傳ふる所のもの。
和州法隆寺の庫中に藏する所のもの。
神祇伯王殿の御家之傳ふる所のもの
周防國玖珂郡柱野浦賀茂大明神社之神主、桑原播摩守藤原爲重傳書なり。出雲北島式文の授くる所なりと云ふもの。

綿向神社神主紀某が傳ふる所のもの。

大和國三輪神庫に藏する所の神代文字なりと云ふもの。

吉田祠官に從つて之を傳授す、卜部家の傳ふる所なりと云ふもの。

伊夜比古神社に納むる所なりと云ふもの。

以上各種の書法をもつて記されたる神代文字がある。

十三、神代文字の神璽

第八章中に掲げたる官國幣社を始め府縣社、鄕社、村社、無格社に無數の神璽、神寶、神字の記錄等あり。

十四、上記　十イ、ロ　二冊　（寫本）

同　十一　一冊

同　十二　一冊

同　十三止　一冊

上津文嗣紀　一冊之は八冊までを寫し畢つた時に書きたるものであるが上野圖書館には一よ

り九まではない。之は書寫した者の著である。

上津文嗣紀の終に記す所左の如し。

此上記はしも此豐國の海部の郡土海の里の郊長宗形良藏と云ふ人の家に昔より秘もたりしに神代の文字なれば讀人絕へてなかりけるを碩田の郡府內の街に幸松大田老翁（鹽屋賢司屋號は鹽の舍名は實賢《さねよし》）と云ふ老翁有て初て开の書を讀て愛芽出度善書なるを知つて世にも弘めんと思ひたちて頃は明治の三年五月五日の日より同十六日迄に己が家に歸りてありける頃彼此より集りて寫せる也。大抵三十冊計りなるを此に初めより八の卷までを寫したり此後又次々を寫し全ふせまほしく社。

十五、尾平山鑛夫字。象形文字で「カナヤマヒコヒメミコト」と記しあり。

豐後國直入郡尾平山の鑛夫古よりの秘傳として新に山中鑛穴を鑿たむとする前日必ず此字を其所に微に刻み置き祭典を行ひ翌日開業良否をトするの古例あり。又森下氏右古文字證徵のため之を尋問推究して官省に上達せしことありと。

十六、茨城中教院の掛軸　神代文字

明治五年全國各府縣に中教院を設け、神職に對しては

オホクニヌシノカミ

ムスヒムハシラノオホカミ

ウフスナノカミ

と、神代文字の草體文字で認め、神代文字の右上部には大陽日神、神代文字の下に眞榊に御玉と御鏡、左の上部に大陰月神、神代文字の下部に眞榊に寶劒を繪姿に現はした掛軸を下附されたのである。現に茨城中教院の掛軸、卽ち當時下附された現物が磯原町某家に保管されてあると同町の吉田兼吉氏は發表して居る。

十七、薩人ノ書　　本朝書籍目錄にあり。

十八、肥人ノ書　　同上書籍目錄に五巻ありと記す。此の二者共に神代文字なれど如何なる字體なるか久しく不明なりしが平田篤胤その區別を明にした。卽ち薩人書は草文。「神世草文、中世所謂薩人書也」とある奥書によつて之を確め得たり。又之と同じく他の一は「神世ノ行文、中世所謂肥人ノ書也」と奥書した眞字のみのものをもつて之を證することが出來る。

十九、出雲國造上世記

常陸鹿島國造文

伊豆加茂三島傳書
尾張中島逆手記
伊勢度會文
攝津住吉大餘座記
肥後八代縣文
阿波田村記
筑前後老家文
豐前後老家文
薩摩霧島記
越白山之舟人文

以上十二種の文献は「上記」編纂に際して引照されたる資料で皆神代文字をもつて記されたるものと思はれる。此等の資料が今尙存在するか疑問なれど、此等は日本書紀に記されたる「一書」と類を同ふするものと思はれる。

(2) 神代文字に關する文獻

以上は專ら神代文字をもつて書き記されたる文獻を列擧したが、玆には神代文字に關する文獻を擧ぐる事にした。

一、古　事　記

序文に、神代文字をもつて書かれたる文獻があつたと推定せらるべき節がある。特に稗田阿禮は神代文字を誦んだものと云はざるを得ない點などにつき注意するの要あり、

二、日　本　書　紀

日本書紀中にも神代文字を認めたものと推定せらるゝ條數ヶ所あり。欽明天皇紀二年の條に於ける「古き字」同紀の跋に　推古天皇の御宇、聖德の太子始て漢字を以て神代の文字の傍に附け」とあるが如き其の例なり。

三、古語拾遺。本書は神代文字を否定する者に取つて唯一の古典として尊重せらるゝもの。然し本書の序文「蓋し聞く、上古の世未だ文字有らず」とあるのを神代文字有らずと誤解したる結果で、此所に云ふ文字とは漢字を云ふことを知らざるの罪である。兎に角本書も神代文字に關する文獻

として看過することが出來ない古典である。

四、日本書紀私記　神代上

御巫清白氏藏應永本

應永卅五年戊申正月十日以申尅書寫了髮長吉叟 生年八十一歲

同二月二十日朱點一校了

日本書紀私記　下

千《時》明應永卅五年戊申正月十五日午時上中下三卷終ニ寫功ヲ了ンヌ上卷者日本紀三十卷四十一代持統天皇までの注也中下二卷者神代兩卷註者也於テ此本ニ者平野神主之家より外に他家不レ可レ有本也可秘々々云々

同二月二十一日ニ朱點一校了

髮長吉叟 生年八十一歲書之

日本書紀の註釋書としては、勅命によりて日本紀を講せしめられし時の講說を記せる代々の私記を最古しとすれども、これ等は既に亡びて僅に承平六年私記の斷簡と、和名抄釋日本紀等に引用せる逸文とを存するに過ぎず。日本紀の私記として現存するものは凡そ三種あり。一は初に弘仁私記の序を存し、次に日本紀私記（今案依養老五年私記作之）と題して、神代より持統天皇にいたる書紀全卷中の語句を抄出して傍に假名にて訓を附したるものにして、入宗落魄隱士守方の裏書あるものあり。

二は神代紀上下二巻の語句を抄出して、その訓を萬葉假名にてしるせるもの、三は書紀巻三より巻十にいたる各巻（神武天皇より應神天皇まで十六代）の語句に萬葉假名にて訓を附したるものなり。蓋しこの第三種のものはその内容及び體裁より觀れば、第二種に連續して之と共に一部を成せるものにして兩者を合せて書紀巻一より巻十に至るものなり。

應永本は第二種の諸本中最古の寫本たるのみならず各種の私記を通じて之より古き寫本の現存するを聞かず」（橋本進吉）

五、先代舊事本紀

天神本紀に天璽端寶十種の事を詳記し、天孫本紀に神樂歌の事を記し、天皇本紀の神武天皇紀に十種の神寶及び一二三の神歌を唱へて鎮魂祭に舞ふ事などに就き詳記しあり、記紀と對照して神代文字に關する事を明かにするに缺ぐべからざる文献である。

六、本朝書籍目錄　寫本一巻　清原業忠

俗に「御室書籍目錄」と稱す。また「日本書籍總目錄」とも云へり。仁和寺宮の本を以て晋廣院殿被尋之時注文する由奥書せり。また永正二年乙丑（二一六五）書寫の奥書あり。

本書籍目錄に新字三十四巻と載せたるは、日本書紀、天武天皇十一年三月の條に「更に肇めて新字一部四十四卷を造らしむ。」とあるに關聯して居る。

又、肥人ノ書、薩人ノ書も本目錄に明記されたる所にして共に神代文字の文獻たる關係上本目錄も亦重要なる參考書である。

七、釋日本紀

釋日本紀には所謂る古體假名と稱せらるゝものが多く使用されて居る。神代文字を否定する學者は之を古體假名と云つても、その實神代文字の一種である所の「磨邇字《まにな》」別稱「阿奈伊知《あないち》」又「六行成字《むさしもじ》」と稱せらるゝものである。斯る古體假名は釋日本紀秘訓中に用ひらるゝのみならず日本紀私記中にも用ひられてゐる。

八、神代卷口訣　忌部正通著

著者忌部正通は古語拾遺の著者齊部廣成の後裔である。彼は神代文字の存在を認むるのみならず更に進んで「神代文字は象形なり。應神天皇の御宇、異域の典經始めて來朝す。推古天皇の朝に至つて、聖德太子漢字を以て和字に附す。」と云つて居る。

九、元々集　八冊　北畠准后著

瑞器記、豐受宮の上つ宮に靑石に文字ある神寶の事を記す。單に「靑石に文字ある神寶」と記してあるのみをもつて直ちに神代文字に關係ありと斷ずることは出來ないが靑石と云ひ、文字と云ひ、之を他の例によりて察すれば神代文字を聯想せしむるに充分なる理由がある。

十、上　記　鈔　譯　　歴史　　三冊　　吉良義風譯

本書は前揭「上記」（宗像本、大友本）が大部なるのみならず神代文字をもつて記されたるため一般に普及されざるを憂ひ、其の一部即ち歴史の部分を鈔譯して時文（漢字交り文）となしたるものである。譯者は序文中に「今此鈔譯は幸松翁發見する所のものに就て森下大人の恵を蒙り漸く其功を畢るといへども余元來國書を識にあらずまた漢字を學ぶにあらざれば書中の譯字挿註の私說等其當を得ざるもの尤尠からざるべし。」と。

本書はその題號の如く鈔譯で全譯ではないが上記の概要を知るには甚だ便宜なるものである。

十一、上記山陵實地考　　一冊　　吉良義風著

本書は「上記」の記事特に歴代天皇の御事蹟の史實を確かむるため著者自ら「上記」に記されたる山陵を一々踏査したる實地報告書である。世には今尚「上記」を僞作なりなど丶思ふ者なきにあらず、それらの謬れる考を是正する爲に本書は大に役立つ譯である。

十二、古　史　徵　　四卷　　平田篤胤著

古史徴開題記　一卷　同

神字日文傳　三卷　同

平田篤胤翁は神代文字の權威者とも云ふべき國學の大家である。古史徵、開題記ともに神代文字に關する論證詳細を極め旁引該博神代文字に就ては殆んど餘す所なしと云つても宜い程である。就中、神字日文傳に至つては各所に散在して居た神代文字を蒐集して之を整理し、そのうち疑はしきものは之を疑字篇にまとめるなど所謂菽麥を明かにして一部熱心なる神代文字論者が容易に陷るところの最負の引倒しを警戒せし所、當時の三大國學者の一人と稱へられた翁にして始めて出來た事である。

著者平田翁は新井白石を近代に於ける神代文字主唱者の隨一と云つて尊敬しもつて自己の立場に偉大なる援軍を得たる感をほのめかして居る。

十三、同文通考　新井白石著

同文通考卷之二に「神代文字」と題して說いてある所は先づ忌部の廣成の「上古の世には文字なかりしよし」と云ふ說を揭げ次に卜部宿禰兼方の撰びし釋日本記に記せし所は和字の起れる事、神代より始れるにや龜卜といふ事は神代より始れり陰陽二柱の神蛭子を生たまひし時に天の神太占をもてうらなひ給ひしといふことあり。文字なからんにはいかでトをなすべき。たゞし是を製れし初は知るべからずと見へたり。

又卜部兼俱の說には神代の文字凡一萬五千三百六十字あり。これを用ふるを尤も秘する所也。其義は一向に解しがたし。其字の體フシハカセをさしたるやうに。上れば上り下れば下れり。龜トをするに其甲を五つに分ちて是を五行に配して火を以て灼に其甲の折る形によりて自ら一萬餘の文字を成せり。されば此の龜兆につきては、神代より文字ある事をしれるよし見へたり。と說いて異朝に於けるト筮の事も參照せり。

十四、須多因氏講義　　完　　宮內省

本書に明治十九年憲法取調べのため墺國に赴きたる元老院議官海江田信義、同丸山作樂兩氏が同國の碩學スタイン博士に就て一問一答の形式をもつて聽取したる所を筆記したるものである。通譯は曲木高配氏氏と有賀長雄氏とである。

神代文字に就て次の如く說いて居る。

「神代文字と朝鮮諺文と同體なるは隣近の國柄殊に上世より交通ありしを以て怪しむに足らざれども東西懸隔せる日耳曼古字の流泥と相類似せるは偶然に非るべし。上世は言語も世界一般なりしを人種の各所に散在するに隨ひ、音韵轉訛して異樣となり終には今日の相違を致せりとの説ありて博言學者は世界類語の撰述ありと聞けり。今神字日文の傳來を聽きて予大に發明する所あり。就ては御國の文字、言語の原因、古器遺物の傳來より學術の沿革、文藝の變遷をも、當國に於て刊行する學藝林藪とも云ふべき公報に掲載して互に講究する所ありて學者の本分を全ふせんと。然し日獨學者の知識交換は神代文字に限り行はれなかつたのは遺憾である。

十五、神代の文字　ビイ・ケムペルマン

本論文は千九百一年發行の獨逸亞細亞協會會報に掲げられたものである。「所謂神代文字は後世の僞作であると云ふ本居宣長の説は當時にあつては無理ならぬことなり。

神代文字は多く寺院の屋根裏に隱されて僧侶すら知らす況んや本居をや。當時は何人と雖も屋根裏を見るを禁じられたり（迷信によりて）故に本居の説は當然なり。

同時代に神代文字を集めし人あり新井君美も神代の文字ありとなす。出雲大社には竹片に書したる神代文字あり。豐受宮（外宮）に神代文字（かみのみたから）ありと稱す。新井は神代文字を寫し取りしも讀むこと能はず平假名に似たるものなりと云へり。」

十六、日文問答　全　神宮教會

本小冊子は、神宮派管長大敎正田中頼庸が明治十五年六月「日文の神語を以て教資に充つ」と云つて之を全敎派に採用せしめたものである。著者は少教正落合直澄である。本書は全部で八枚の極めて小冊子なるが最初「ヒフミ」を神代文字で書き、振假名をつけて誰にでも訓める様にしその後に次の如く指示してある。

「大事に臨みてはヒミよりホレケまで唱ふべし

常はネシキルよりホレケまで唱ふべし。」

右に云ふヒフミよりホレケまでとは最初より最後までの事でネシキルよりと云ふのは十四番目の文字より終りまでとの意である。

十七、國史大辭典　　神代文字の項

本辭典に於ては他の辭典と同じく神代文字を否定して居るが參考の爲とて、釋日本紀、神代卷口訣、の文を引照し、吉田兼倶、船橋環翠、新井君美、平田篤胤の說などを極めて簡短に紹介し、大伴信友の反對說をも述べ終りに「落合直澄は日本古代文字考を著はし平田の說を唱道して更に大成したり詳しくは就て見るべし」と結んで居る。

之を見れば何せ神代文字を否定せねばならぬかその理由が甚だ不充分であつて、反つて神代文字を肯定せねばならぬ譯ではないかと思はしめる者がある。或は辭典の編者も斯る意向を有するにはあらざるか。

十八、大百科事典　　神代文字の項

本事典は平凡社發行のもので「神代文字」そのもの丶外、神代文字に關する書冊の紹介もやつて居る。「神代文字考」「神字小考」「神字箋」等はその例である。紹介者はそれぞれ署名して責任を明かにして居る。

本事典も神代文字を否定する月並的の結論をなして居るので別に特色とてはない。又紹介者は神代文字に就ての知識を有つて居ないやうである。僅かに肯定說の著書と人とを羅列しその次ぎに否定說の本とその著者とを紹介して、その結論は豫定の通りである。然し神代文字を研究する者のため斯る見方をなす者が我が神代文字に對する實狀たることを承知する爲に參考とすべき事である。

十九、倭片假名字反切義解　　右大將長親

本書の序文に古語拾遺の句を引照して、文字とあるべき所を「漢字」と書いてある。この事は特に注意を要する點である。卽ち「風聞。大古之代未ㇾ有二漢字一。」と之が廣成の意を正しく解したものと云ふべきである。

著者は花山耕雲散人明魏とあつて應永年間第百代後小松天皇の時代である。それより約二百三十年の後元和六年に跋文を書いた阿闍梨良正は「未レ知三耕雲散人明魏爲二何世何人一而已」一と云つて居るが、それより更に降つて約百年の後德川七代將軍の正德三年に於て「以寧局今出河如鷄」一は彼れ花山耕雲散人明魏は花山院流尹大納言師賢孫、權中納言家賢卿子。右大將長親其人なりと考證して居る。

二十、日本古代文字考　上下二卷　落合直澄著

本書は明治二十一年の出版である。著者は神代文字の研究造詣甚だ深く著書も尠くない。神代文字を否定する者の說甚だ不當なるを說いて次の如く論じて居る。

「近時淸國沈文熒は日本神字考を著し我邦の古字を以て悉く漢土の古字に附會し其解を下せり。英人チャンバレンスも亦我古字を論じて上古文字なしの論に歸せり。然れども時々諸國より異體の文字の出る有て世の學者半信半疑の念を免れざるなり。直澄案ずるに上古文字なしとする說甚だ不當なりとす。その理由として著者は盲目暦と稱せらるゝ南部暦の事、方圓或は縱橫線の數字等を用ひて公租を誤らなかつたと云ふ常陸久慈郡安《ア》寺《テラ》持《モチ》方《カタ》村の盲目帳の例を擧げ、「我上古の文字

を考ふるに卜兆字は自ら深遠の理を備へたれど象形字に至つては兒戲のみ、漢土の文字も亦然り。……文字を作るはかくの如く易し。いかに人民蒙昧なりと雖。上天子あり下萬民あり治世千歲文字なきの理あらむや」と。

著者は現今の通用假名《カタカナ》は豐國字阿比留字等より出て平假名は通用象字《カタカナ》より出で漢字の草體に混同したるもの多しとて、字の出所變化を一々說明して居る。

二十一、嘉永刪定神代文字考　鶴峯戊申著

本書は嘉永年間に出版されたものであるから約九十年前の作である。著者は神代文字が片假名と混用されて居る實例を釋日本紀に於て見出すことの出來たのを非常に喜び、之をもつて始めて力強く神代文字の存在を主張することが出來ると言つてゐる。彼は「戊申上件の考證を作りたれども、いまだ、古書のうちに、此磨邇字を用ひし證例を見ざれば、いとあかぬ事に思ひ居つるに、手近き釋日本紀の秘訓の片假名の中に、見に磨邇字を雜用たるを見出せるこそ、實に大穴持大神のこよなき恩賴には有べけれ」と言つてその例證を秘訓中より擧げて居る。

二十二、神　字　箋　一帖　大國隆正

平田篤胤の「神字日文傳」に基き尙種々比較參考して其正體と思へるを撰び、五十音に分ちて寫し出てたるものなり。なほ委しきは神字原二卷に記し置きたりといへり。明治六年乙未（二四九五）再版せり。

二十三、神　字　小　考　　一卷　　大國隆正著

平田篤胤の說によつて神代文字の事を考へ、海外諸國の文字も大かた太卜（ふとまに）の兆より出でたりと論じたものである。書名も篤胤の「日文傳」を大考とし其れに對して小考と名けたる由なり。天保十一年庚子（二五〇〇）八月の自序がある。

二十四、和　字　傳　來　考　　寫本一卷　　跡部良顯著

和字の傳來につき古傳說の大己貴命が沙上千鳥の足跡を見て字を作り給ひしといへるよりも、素盞嗚尊が千鳥の足跡を見て字を作り給ひしといへる考論なり。

亨和九年（二三八四年）甲辰の年に著はしたるもの。

二十五、和字傳來考附錄　　寫本一卷　　伴部安崇著　　元文四年己未（二三九九年）の作

先著和字傳來考を補編したるもので武州足立郡なる古社の古文字を見て考證したと云ふことである。

二十六、五十音圖の歷史　　一卷　　山田孝雄著

本書は昭和十三年九月發行されたもので著者は現皇學館大學長山田博士である。本書は毫も神代文字に觸れて居ないが五十音圖が悉曇章（梵語）から來たものであるとの説を否定し、全然日本獨特のものであることを明にした。從つて神代文字の出所が悉曇章にありと説くことの誤りなることを決定した。五十音圖は

「以上三つのおもな説卽ち應神天皇の御世に造られたといふ說、吉備眞備が造つたといふ說、悉曇章から生じたといふ說いづれも確かな根據が無いものであつて他に有力な確實な論が成立つとそれらは消滅しなければならぬ運命にあるといはねばならぬ。」

博士は結論に於て

「先づこの音圖が日本人の創意に出でたもので支那にも印度にもないものだといふことである。而してこれが幾許かの變遷を經て、悉曇の說明にまでも應用せらるゝに至つたといふ事實を顧ると無限の興味が涌く。……

思ふにわが國語學界にはまだ歷史を無視する思想と外國の學術盲從の風とが拔けてゐないからこの五十音圖をわるいといふ人間が少くないであらう。しかしながらこれは國語の音譜組織の合理的說明を下したものであると共に一面から見れば、宇宙間の音譜そのものゝ合理的說明として

の根本原理を示したものであるともいはるゝ。……かやうな一般原理的の圖表を按出したわれらの祖先の偉大なる頭腦を讃嘆せずには居られない。」と。

二十七、日本神字考　二冊　清國沈文熒著　岡田弘編

本書に就ては二十「日本古代文字考」に於て落合直澄が言つて居るやうに日本の古代文字は清國にその原を發して居ると云ふ一種の附會說であつて漢字の如く多數の文字中に類似を求むれば神代文字の原字と思はるゝものなきにあらざる事は敢て不思議ではない。

二十八、神代字源考　藤原政興著

本書は明治四年の發行で神代文字に關する文献を引用してその歷史を略述し、圓と角とを字源の起りとし之によつて靈形《あがた》をつくり、幽音五個にわかれて五父の音聲成る。これと五母混合して幽音の二十五聲を生み。顯、五箇に分れて五父の音聲と成る。五母と混合して顯音の二十五聲を生む。然して父母縱横の字原の次第によつて五十音の圖を作ると說いて居る。

二十九、ひふみのしをり　古誦釋法

明治二十三年三月十五日

三十、古字双鉤　三通

明治三十五年七月二十八日

三十一、比布美誦草書双鉤本　　三種

明治三十四年十二月二十一日

三十二、古代通用文字考

明治三十八年六月三十日

三十三、古字薄草帋

明治三十九年九月二十八日

以上五部靖齋老人平谷森善臣氏の著はす所全部宮内省圖書寮にある。「古字薄草帋」に左のはしがきがあるもつて翁の眞意を窺ふに足る。

無かしよりかきつたへこし眞名五十字《いそな》今も習ひて世にひろめてな　　善臣

はしがき

吾大日本帝國古字は信濃國伊那郡阿智神社に鎮りゐます八意思兼命神代のむかし、千よろづ人のいむといひ出る聲に合せて、眞名五十字文を創め造らしてより今の世までも書傳へ來れるものなるを齊部廣成は大同二年二月十三日古語拾遺をかき著して其序文に　上古之世未レ有二文字一貴賤老少口々相傳、前言往行、存而不レ忘といへりしは日本書紀に帝王本紀に多有二古字一と記されたる明文をいかに見過したるものか諒に其意を得がたし」

下略　九十歳の當日翁靖らゐの善臣

三十四、伊豆母美多廡　初篇三冊　芬木元達著

三十五、上代阿奈文字　芬木元達著

三十六、神代字三十六人首　一冊　芬木元達

三十七、懲狂人　神代文字有無の論　矢野玄道

三十八、神字彙　岩崎長世編

三十九、神國神字辯論　釋　空華著

駁伊呂波問辯を再駁せるもの

四　十、以呂波問辯　一卷　僧　諦忍著

四十一、神國神字辯論　一卷　僧　諦忍著

四十二、和字攷　三卷　僧　敬光著

四十三、神字のしらべ　中澤宏粲著

四十四、古語止草　三卷　藤原政守著
著者は藤原政興の祖父
四十五、假字本末　三卷　伴　信友著
上卷二冊に草假字いろは假字の事を論ず博引廣證諸家の說を辯じて詳かに比較論定せり。附錄一冊には平田篤胤の神字日文傳の說を駁して「神代字辯」と號せり。嘉永三年庚戌（二五一〇）長澤伴雄の序あり。
四十六、假字本末辯妄　寫本三卷　松浦道輔
件信友の假字本末の說を辯駁したるものなり。其の說にいろはを兼明親王の作とせるが如きは珍らしき一說なり。
四十七、九鬼子爵家古文書
九鬼家の古文書神代文字に就ては三浦一郞氏が調査硏究の任にあたり既にその整理も一と通り出來して出版する運びに至れる旨同氏の發表した所である。そのうち神代文字に關係あるものは次の諸書である。
(1)　國體に關するもの

神代系譜　初代の神もとつわたらせの大神より天津御光大神まで廿三代二十三萬年、以上第一期。

第二期より第七期まであり。

天地言文　六十二代の天皇まで記してある。神武何代と數へてある。

神史略　神代系譜、天地言文より大要をとつて記したもの。此のうちに出雲高天原の事がある。

天佐登美命　野安押前命――母安世――伊恵稱――以上の三

(2) 神事に關するもの

大中臣秘文。　神法秘聞。　天地文通。　中臣秘法編。　中臣神司秘法編。　天津金木　太占。

神傳首飾勾玉傳。　布篤乃里止。　鬼門乃里止

(3) 武に關するもの

天眞兵法話機論。　天眞兵法城築陣營戰略論。　九鬼神流武教卷。

神代の文字

昭和十七年七月十五日印刷
昭和十七年七月二十日發行

定價壹圓五拾錢

著者　宮《みや》崎《ざき》小《こ》八《はち》郎《ろう》

發行者　岡本正一
東京市赤坂區溜池三〇

印刷者　川橋源三郎
東京市京橋區築地一ノ一四

發行所　霞ヶ關書房
東京市赤坂區溜池三〇
電話赤坂(48)六二三・六二四・八五一
振替東京一七〇四三六

配給元　日本出版配給株式會社
東京市神田區淡路町二ノ九

（會員番號一〇六五〇二）
（出文協承認あ四〇〇三四番）

東京・仁川堂　川橋印刷所・印行　（東京二五一七番）

宮崎小八郎と『神代の文字』

武田崇元

本書の著者宮崎《みやざき》小八郎《こはちろう》（一八七三～一九四四）は、戦前のキリスト教界で重きをなした長老派の牧師である。熊本県天草郡坂瀬川村に生まれ、一八九五（明治二十八）年に受洗し、九七年に早稲田第一高等学院を卒業後、一九〇一年より植村正久の週刊伝道誌『福音新報』の編集をアシストし、一九〇三年十月に渡米、カリフォルニア州のワトソンヴィルの日本人長老教会で伝道に当り、サンアンセルモのカリフォルニア神学校に学び、サンフランシスコ日本人長老教会の牧師に就任、さらにカリフォルニア州日本人キリスト教伝道部長も兼務するが、一九一五年、日本長老派教会の総監アーネスト・スタージの訪日案内役となり帰国。その後、創立されたばかりの門司合同基督教会に招聘され、初代牧師に就任。日本基督教会、日本組合基督教会、バプテスト派教会の三教派とメソジスト派教会員による合同教会の基礎を築き、一九二四（大正十三）年一月新たに組織された日本基督教連盟から総幹事に迎えられ、名誉幹事のウィリアム・アキスリング宣教師とと共に、国内的には諸教会、団体の融和、対外的には海外諸教会との連絡の任にあたり、のちの教会合同への道を整えたと評される（一）。

著書に『聖書之研究』（一九二五）があり、一九二七年に刊行された東方書院の日本宗教大講座には「日本の基督教概観」を執筆、訳書にはデビット・スミス『歴史的耶蘇』（一九一五）、メーテルリンク『尼僧の懺悔：宗教劇』（一九二五）などがある。また在米中は邦字紙『新世界新聞』The Japanese American Newsにしばしば寄稿していた。

キリスト教のメインラインを歩んでいた宮崎が、いかなる経緯で神代文字に関心を抱くようになったのか、おそらくは昭和十年頃から総力戦体制に移行するなかで進行したキリスト教全般の日本主義化の影響下においてと思われるが判然としない。

本書序文において、宮崎は米英との戦争に突入した日本を巨人ゴリアテを倒したダビデに比し、さらに「神は一にして萬、アルパにしてオメガ」と題して「我が神代文字によって現はされたる神は、アルパであり、オメガである」（二一二頁）とし『黙示録』に言及、さらに第十一章「文化の淵源と国体」においては「基督教は元来我が国体と一致すべきもの」とする。

しかし、それはせいぜいが欧米流の「個人主義」「自由主義」の否定と日本的「家族主義」への傾斜に過ぎず、再臨派系の酒井勝軍や中田重治に見られるファナティックな熱狂や日本ユダヤ同祖論的な傾向はない。これは彼がメインラインの長老派の出身であったことによるものと思われる。

この比較的冷静なスタンスが本書を神代文字実在論の歴史的名著にしている。

とくに『釈日本紀』に見られる古体仮名の起源について論じた第四章「古体仮名と神代文字」および第七章「神代文字と仮字の起源」は本書の白眉である。そもそも片仮名の起源は漢字であるとされるが、個々の片仮名についてどの漢字のどの部分を採ったのかは判然としない。たとえば「キ」は「機」「喜」「気」、「ケ」は「介」「箇」、「サ」は「茶」「散」「左」など諸説あっては決して明確ではなく、仮名の起源を神代文字とする著者の論は非常に説得力のあるものとなっている。

第五章「日文字とその起源」は、先行する平田篤胤、落合直澄の所論を平易に整理し、第六章「神代文字論争」は主な神代文字否定論を多角的な視点から反駁、第八章「神社と神代文字」は、実際に著者が参拝した官国幣社で拝領した神璽、神札で神代文字が用いられているものを網羅した貴重な歴史的資料となっている。

本書一一四頁によれば宮崎小八郎は昭和十三年当時『神国文化研究』と題する私家版の研究誌を刊行していたが、中里義美が主宰する『神日本』昭和十三年十月号より「神代文字研究家」として「神乃日本社」の評議員に名を連ね、昭和十四年五月号に「神璽神宝と神代文字」を執筆、同年七月号、八月号、九月号、十月号、十一月号「神代文字論考」を連載し、同十二月号に「神代文字と仮字の字源」を執筆している。

本書はこれらを中心に加筆再構成して、昭和十七年に霞ヶ関書房より刊行された。しかしその存在は戦後はそのまま忘れ去られ、同社より再版されたのは、昭和四十九年（一九七四）、つまり初版刊行から約三十年後のことであった。

戦前においても神代文字は史学界はもちろん皇国史観の主流からも否定されてきた。神宮皇館学長の山田孝雄はいわば皇国史観の代弁者であるが、戦後になって次のように回想している。(二)

「昭和十七、八年頃内閣に設けられた肇國聖蹟調査委員会で、所謂神代文字で記した偽作の記録を採用して正しい古典たる古事記日本書紀の権威を涜さむとするが如き空気が濃厚になり、頗る憂慮すべき兆候を呈して来た。私は敢然として立ち、神代文字なるものの歴史を略説しつゝ神宮文庫のものを詳細に説き、一般に神代文字の信ずべからざることを述べてやうやうに之を喰ひ止めた」

このような「憂慮すべき兆候」を醸成したのが、中里義美の『神日本』グループの神代史運動であり、とりわけ本書の与えた影響は甚大なものがあった。中里は『神日本』昭和十六年九月号の巻頭に「我ガ國固有ノ文字即チ神代文字ノ存在ヲ認メ以テ我ガ國文化ノ起源発達ヲ闡明スルタメ特別ノ機関ヲ設置スベシ」とする「神代文字実在確認ノ建白書」を発表し、続いて昭和十七年七月に本書『神代の文字』が刊行されたのである。

戦後において神代文字はファナティックな神国思想の所産としてなおさら忌避された。そのような否定的呪縛が解けたのは、一九六八年革命の余波のなかで、既存のあらゆる政治的文化的権威に対する疑問が呈される時代の雰囲気に棹さすように、超古代史やアンダーグラウンドな神道の流れが活性化する過程においてであった。

一九七〇年はそのエポックとなった年で、同年十月にはカタカムナの楢崎皐月の高弟、宇野多美恵が主宰する相似象学会から『相似象』誌の刊行がはじまり、十二月には金井南龍を中心とする神理研究会が結成され、機関誌『さすら』誌の刊行がはじまる。一九七二年には吾郷清彦『古事記以前の書』（大陸書房）が刊行され、その頃には『さすら』誌の表紙には毎号のように神代文字が掲げられるようになっていた。同年五月にはフランス現代思想の先鋭的な批評誌『パイディア』第十二号で特集「日本的狂気の系譜」が組まれ、前衛的な仏文学者竹内健が平田篤胤の神代文字論を照射する「神字論」を発表した。

そういうなかで一九七四年に本書は三十有余年の時を隔てて再版され、筆者などもむさぼるように読み、大きな影響を受けたのである。

それから約五十年が経過した現在、神代文字はいまや一部ではスピリチュアル・アイコンと化すほどのポピュラリティを獲得しているが、その一方で本書のような神代文字論の歴史的原典の存在すら知る者がほとんどいないことは、ブームを非常に上滑りなものにしている。そのような状況に知的刺激を与えるという意味において、今回の復刻刊行の意義は大いにあると言えよう。

注

（一）日本キリスト教歴史大事典編集委員会編『日本キリスト教歴史人名事典』（教文館、二〇二〇）七八一頁

（二）山田孝雄「神宮文庫に傳ふる神代文字」『典籍雑攷』（宝文館、一九五六年）所収

古代神聖文字の起源を探る

神代の文字

昭和十七年七月二十日　初版発行（霞ヶ関書房）
令和五年五月十日　復刻版初刷発行

著者　宮崎小八郎
解説　武田崇元
発行所　八幡書店
東京都品川区平塚二―一―十六
KKビル五階
電話　〇三（三七八五）〇八八一
振替　〇〇一八〇―一―四七二七六三

※本書のコピー、スキャン、デジタル化等の無断複製は、たとえ個人や家庭内の利用でも著作権法上認められておりません。

ISBN978-4-89350-929-1 C0021 ¥3800E

八幡書店 DM や出版目録のお申込み（無料）は、左 QR コードから。
DM ご請求フォーム https://inquiry.hachiman.com/inquiry-dm/
にご記入いただく他、直接電話 (03-3785-0881) でも OK。

八幡書店 DM（48 ページの A4 判カラー冊子）毎月発送

①当社刊行書籍（古神道・霊術・占術・古史古伝・東洋医学・武術・仏教）
②当社取り扱い物販商品（ブレインマシン KASINA・霊符・霊玉・御幣・神扇・火鑽金・天津金木・和紙・各種掛軸 etc.）
③パワーストーン各種（ブレスレット・勾玉・PT etc.）
④特価書籍（他出版社様新刊書籍を特価にて販売）
⑤古書（神道・オカルト・古代史・東洋医学・武術・仏教関連）

八幡書店 出版目録（124 ページの A5 判冊子）

古神道・霊術・占術・オカルト・古史古伝・東洋医学・武術・仏教関連の珍しい書籍・グッズを紹介！

八幡書店のホームページは、
下 QR コードから。

神代文字から神界文字へ

宮地水位伝 龍鳳神字秘典

大宮司朗＝監修

定価 3,080 円（本体 2,800 円+税 10%）
四六判　上製　ハードカバー

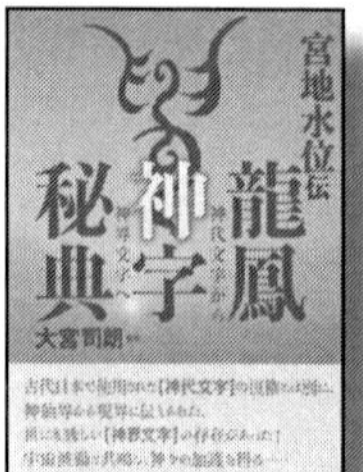

本書は、明治の時代に肉身のまま神仙界に出入された宮地水位大人が現界に伝えられた、神仙界の龍鳳文という神字を、検索しやすいように音読みで五十音順に並べたものである。訓読みも併記されており、索引を利用すれば、音訓読みいずれからも、必要とする字を見つけることができる。
この神字は、門人・多田勝太郎（阿波国小松島）の屋敷に滞在中に、同人の請いに応じて宮地水位大人が書かれたもので、その後、本書の元になった『鴻濛字典』として編纂されたもので、「天地玄黄」にはじまる『千字文』の順序に従って、一気呵成に記されたものである。
本書はその『鴻濛字典』を検索しやすいように再編したものであるが、字そのものはそのままである。龍が跳び、鳳凰が舞い、無限の宇宙波動と共鳴するその幽玄なる神々の文字を、水位大人が霊威の筆勢でお書きになったそのままなのである。
従ってそれをご覧になるだけでも、神界に気線を繋がれるよすがとなると確信する。そして、「光明」「玄気」「福寿」などの言葉、あるいはご自分の姓名、姓、名などをこの龍鳳神字で浄書され、机の前に置き、壁に貼り、所持するなどして、自然と神々のご加護を得て、宇宙波動の息吹を享受されるよう願う次第である。ちなみに、この龍鳳神字で「福寿光」と浄書し、それを所持することで運気が好転したという人が大勢おられることを付け加えておく。

日の国は是、文字の源なり

日国是文字源

高畠康寿＝著

定価 4,180 円（本体 3,800 円+税 10%）
A5 判　並製

竹内文書を世に宣布するにあたって竹内巨麿の絶大な信頼を受けた高畠康寿の神代文字論。太陽光線の陰陽にもとづき生成した天霊日（アヒル）文字こそが、古代インドの梵字や古代エジプトのヒエログリフなど世界のあらゆる文字の根源となった聖なるエクリチュールであると論じ、「いろはかな」は空海以前から存在し、「アイオウエオ」の片仮名も神代文字のなかに潜在していたと説く雄編。